D1603431

ESPÍRITU DE REMONTADA

José Luis Llorente Gento

ESPÍRITU DE REMONTADA

La energía necesaria para superar
las dificultades de la vida

 Empresa Activa

Argentina – Chile – Colombia – España
Estados Unidos – México – Perú – Uruguay – Venezuela

1.ª edición Septiembre 2016

Copyright © 2016 by José Luis Llorente Gento
All Rights Reserved
© 2016 *by* Ediciones Urano, S.A.U.
   Aribau, 142, pral. – 08036 Barcelona
   www.empresaactiva.com
   www.edicionesurano.com

ISBN: 978-84-92921-58-4
E-ISBN: 978-84-16715-31-2
Depósito legal: B-16.443-2016

Fotocomposición: Ediciones Urano, S.A.U.
Impreso por Romanyà Valls, S.A. – Verdaguer, 1 – 08786 Capellades (Barcelona)

Impreso en España – *Printed in Spain*

SUMARIO

A mi tribu

PRÓLOGO

Realmente es un libro que invita a la reflexión y que puedes leer siempre que necesites «remontar» una situación complicada. El recorrido que hace por todas las emociones y sensaciones que se producen en los momentos de dificultad, y la energía que producen, es un continuo aprendizaje: la épica de la remontada como motor de motivación; la necesidad de trabajar en equipo, expresada en la frase de Toni Kukoc: «Una canasta hace feliz a una persona, una asistencia, a dos»; la idea de luchar por encontrar un propósito a todo lo que haces que te ayudará en los momentos difíciles; o cuando te marcas unos objetivos, no pensar en lo que te queda para llegar sino en cuánto has avanzado.

Recomiendo vivamente la lectura de esta obra en la que todos nos podemos ver reflejados, en la que vemos expuestos nuestro miedos, frustraciones, errores… pero también la manera de superarlos.

Luis Miguel Gilpérez
Presidente de Telefónica España

«Conozco a José Luis hace años. Es un extraordinario jugador, pero por encima de todo, un tipo con coraje y realmente luchador. Es, sin duda, uno de los ilustres que ha sabido, después de su trayectoria deportiva, traer al mundo empresarial las buenas enseñanzas que el deporte le dejó. Este libro es el mejor ejemplo. Os va a gustar. ¡Enhorabuena, crack!».

Enrique Sánchez
Presidente de Adecco España, Portugal y Latinoamérica

«Libro necesario, porque da claves. Libro útil, porque se habla desde la experiencia. Libro divertido, porque mezcla experiencias reales y reconocibles con un fino sentido del humor. Jose Luis Llorente —«Joe»— lo ha escrito. Quizás lo ha hecho porque él mismo se ha topado con la derrota, la desesperanza, la flaqueza de fuerzas que se siente cuando las cosas no salen como se desea. Quizás lo ha hecho porque, desde el ejemplo, él ha demostrado una y cien veces que la derrota solo es la otra cara de la victoria. Que los partidos son muy largos y que, aunque en ocasiones parezcan cercanos a la derrota, siempre podemos sacar el espíritu necesario para revolvernos e intentarlo otra vez. Y otra vez. Y otra vez…

Porque esa es la enseñanza de *Espíritu de remontada*. Que siempre hay una oportunidad para el que tiene mentalidad deportiva. Que por muy duras que sean las derrotas, siempre hay una forma de volver a ganar. De levantarse de nuevo. De disfrutar aún de los malos momentos. ¡Gran libro, José Luis! Me has inspirado, emocionado y enseñado. ¿Se puede pedir más?»

Jesus Vega
Conferenciante y Emprendedor

«Llorente hace un análisis conmovedor e inspirador sobre los motores de cambio que conllevan al éxito individual y su impacto en la sociedad. La ciencia, como el deporte, se acompaña a menudo de años de trabajo sin frutos y desconciertos. Hasta que un buen día, solo con espíritu de superación, trabajo y pasión, llega la remontada como en el deporte, y las circunstancias infranqueables se convierten en motor de progreso para la ciencia y la humanidad. Un relato inspirador de la mano de una de las figuras más emblemáticas y queridas del deporte»

María Blasco
Directora del CNIO
(Centro Nacional de Investigaciones Oncológicas)

Espíritu de remontada te abre los ojos a la consideración y a la aceptación de la derrota: todos estamos predestinados a perder más o menos, a tener que ir perdiendo habiendo aún partido por delante. Esa serie de enfisemas vitales son curables, remontables. J. L. Llorente ofrece el método y las claves para planchar la virtud arrugada, para abrir ventanas y desbrozar las miserias consustanciales a la derrota, para desasir el laberinto del error consumado como los cables de los auriculares. Todo un magisterio para recortarle presupuesto y doblarle las sanciones a vicios de saldo negativo.

Remontar es un concepto abierto: Es bajarse los pantalones como fin o subírtelos si se te han caído. La derrota es transitoria, como la victoria. Lo verdaderamente esencial es el tiempo que pasas en cada una y la optimización de sus consecuencias. En ocasiones se leen manuales de orientación que no son más que un paripé. Aquí J. L. Llorente ejerce más bien de descifrador de los paripés que envuelven las resacas de cualquier reto, independientemente del resultado. *Espíritu de remontada* te enseña a calmar tempestades y a evitar que elementos externos te saboteen tus utopías, que son tuyas, las construyes y gradúas y no tienen por qué serlo para siempre.

Antoni Daimiel
Periodista

Maravilloso libro, fundamental para futuros campeones, con relatos inspiradores, acerca de esa oportunidad de reconstruirnos y remontar nuestra vida en cualquier sentido con garra, voluntad, determinación, confianza y máximo rendimiento, ya que la productividad de los valores supera la de las virtudes. Ciertamente las remontadas dan sentido a nuestra existencia. ¡Gracias por escribirlo amigo!

Irene Villa
Periodista

INTRODUCCIÓN

Hay momentos en la vida en los que sientes que el universo entero está en tu contra. Crees que lo que te va a suceder es incluso peor de lo que te está ocurriendo y, lo que es más descorazonador, llegas a pensar que lo mejor ya está fuera de tu alcance. Te invade esa impresión de que las fuerzas te abandonan y de que te quedas sin energía con todos los elementos en contra. La tormenta perfecta acecha sobre tu cabeza. Sabes que estás perdiendo el partido.

Permíteme que te diga una cosa. No te consideres especial por eso, pero tampoco te preocupes demasiado. Todos perdemos partidos. Todos, absolutamente todos, hemos pasado por una situación similar y, no en una, sino en muchas ocasiones, lo que habíamos imaginado ha tenido un destino bien distinto. Aquí no hay quien se libre de pasar por el aro de la derrota, ya sean las personas que solo consiguen alguno de sus fines o las que logran la mayor parte de los que se proponen. Y como yo tampoco soy especial, a mí también me ha sucedido muchas veces y, además, muchas veces lo he visto a mi alrededor. Ojalá eso tuviera remedio. Pero ni yo ni nadie lo tiene. En cambio, sí te puedo sugerir que no determines tu vida a través de tus decepciones, sino por cómo vas a responder a ellas a partir de ahora.

No te propongo un camino fácil ni de efectos automáticos, no te lo voy a negar. Por eso quiero mostrártelo y acompañarte. Esta es la razón por la que he escrito este libro: para conducirte por el emocionante mundo de las remontadas. Y no digo emocionante solo como un recurso descriptivo, sino sobre todo, porque las remontadas se construyen en esencia con la energía que nos proporcionan algunas de las emociones más básicas y cotidianas. Así que la primera razón por la que he elegido este camino es sencilla: son las emociones más fáciles de convocar y mantener y las que más soluciones te ofrecerán. La mayoría están dentro de ti o a tu alrededor, pero puede que no sepas cómo activarlas. O que lo olvides, como me pasa a mí mismo con alguna frecuencia.

Leyendo estas páginas te darás cuenta cómo lo han hecho no solo deportistas y equipos, sino filósofos, músicos, psicólogos, gente de la empresa, y también, cómo no, ciudadanos de a pie, como tú y como yo, que igualmente aspiramos a obtener momentos de felicidad en nuestra vida profesional y personal. Desde Tucídides a Johann Sebastian Bach pasando por Xavi Hernández, Ruth Beitia, Rafa Nadal y Pau Gasol. Pero también con José Ramón Montejo, Enrique Rodríguez o Juan Manuel de la Nuez de los que no sabías nada hasta ahora. Personas y entidades que nos hemos sobrepuesto para, de forma paulatina, ser capaces de adoptar una nueva forma de pensar y un cambio de actitud con los que dar un giro brusco a los acontecimientos y originar lo que parecía que nunca se produciría. Y no siempre para ganar, que las remontadas a veces se frustran, pero con el espíritu que te encauzará para que juegues los partidos con casta y con valentía.

Además, hay otra razón para que me haya centrado en la remontada. Es un término que en pocos ámbitos alcanza la dimensión que en el deporte. De forma inevitable y afortunada mi vida ha estado vinculada al deporte por razones familiares y no tanto por las que podéis pensar si conocéis mi segundo apellido. El hecho de que mis tíos fueran futbolistas de primer nivel, no fue tan poderoso como el influjo de mi madre, que nos inoculó el deporte en vena, tanto con sus historias y consejos, como con su propia actitud luchadora ante la vida. A mi padre le debo la otra parte. Quizá se sorprenda al leer estas líneas, pero mi padre ejerció una gran influencia en mi modo de ser. Responsable y trabajador, lector sempiterno y motero laboral por los caminos de Castilla, siempre fue un modelo que intenté replicar durante mi niñez y que configuró una parte esencial de mi carácter. Él me inculcó muchos hábitos, entre otros la curiosidad por el conocimiento y la lectura, sin los que este libro no hubiera visto la luz.

No te voy a solucionar la vida. Ni siquiera hay recetas mágicas: los mejores equipos y los mejores jugadores fracasan muchas veces. Pero espero hacerte reflexionar y conducirte a la acción. En el libro vas a encontrar de forma ordenada y progresiva los orígenes y cimientos de la remontada, la forma en la que insuflarle energía diariamente y los frenos que la pueden detener. En definitiva, tras un primer capítulo introductorio vas a hallar una guía práctica de los valores, la motivación y los hábitos que necesitas, así como de los obstáculos que te pueden conducir al acomodamiento y, en consecuencia, a la frustración. Si consigo que pienses y actúes, estaremos jugando en el mismo equipo, el que no se conforma con las derrotas y enseguida busca la remontada. Solo tienes que entender y entrenar.

Olvida los partidos que hayas jugado hasta ahora. Han terminado. No importa si has jugado bien, mal o regular. Como a Nadal, como a Pau Gasol, como a los grupos de éxito, lo único que te tiene que importar es el análisis que hagas de tus partidos. Porque lo fundamental es cómo vas a afrontar los siguientes. Para eso tienes este libro: para comenzar tus remontadas con nuevas herramientas en tu mano. Haz como los grandes. Pon en marcha tu cronómetro 5, 4, 3, 2, 1, ¡0!, que la remontada ¡comienza ya!

I

EL ESPÍRITU
DE LAS REMONTADAS

No puedo decir que aquel 10 de agosto de 1984 mis sueños se hicieran realidad. Durante muchos años la diferencia entre España y las grandes potencias del deporte era tan grande que mis fantasías oníricas no llegaban más allá de situarme compartiendo cancha con los grandes jugadores españoles de entonces. Subir al podio de los Juegos Olímpicos era un imposible que ni siquiera alcanzábamos a soñar. Así que, cuando en el verano de 1984 cumplía uno de los mayores anhelos a los que puede aspirar un deportista, mi emoción se multiplicó por la incredulidad de estar logrando lo que era inimaginable. No recuerdo que al subir al podio toda mi vida deportiva pasara por mi cabeza, pero en el estado de embriaguez ensoñadora en el que me había sumido nuestra conquista, pude reparar fugazmente que apenas catorce meses atrás mi situación anímica y profesional no auguraba un éxito ni remotamente parecido.

Porque lo que yo había soñado era con jugar en el equipo de baloncesto del Real Madrid. Algo normal considerando que vivía en Madrid y que la tradición familiar me había empujado a seguir al club desde pequeño. Siendo muy niño pisé el Bernabéu para compartir césped y balones con Di Stéfano, Puskas y, claro, con Gento, mi tío materno. Y tuve la suerte de cumplir mi sueño. Pero un año antes de los Juegos de Los Ángeles tomé una deci-

sión muy dolorosa desde muchos puntos de vista. Después de nueve temporadas vinculado al Madrid resolví rechazar la oferta de renovación por discrepancias de diferente naturaleza. Al salir de las oficinas del club, mientras caminaba hacia casa de mis padres, donde vivía entonces, esa sensación de que lo que estaba ocurriendo no me podía estar pasando a mí me hizo un nudo en la garganta que no pude desatar hasta pasadas unas horas.

Y eso sí que no lo había soñado. Ni imaginado. Ni siquiera estaba preparado para ello. Fue una determinación tomada con amargura y sin red. Un salto al vacío sin más proyección que la confianza en mí mismo y la voluntad de ser feliz jugando al baloncesto. Un sueño roto y un orgullo herido. Estaba iniciando mi carrera deportiva y repudiaba al mejor club de Europa, una decisión que no entendió casi nadie. No es de extrañar, ya que ni siquiera yo estaba convencido de que lo que me dictaban mis valores terminase siendo lo más provechoso para mi futuro profesional. Pero hay ocasiones en las que las circunstancias no te dejan otra salida que ser fiel a ti mismo.

Y allí estaba yo, después de haber sido campeón de Europa con el Madrid renunciando a mi sueño y empezando casi de cero en el Cajamadrid, un equipo recién ascendido y con el único propósito para la temporada de no perder la categoría. Había pasado de aspirar a ganarlo todo a intentar salvar los muebles. ¡Quién me iba a decir entonces que catorce meses después estaría en el Forum de Inglewood en el mismo podio olímpico que Michael Jordan, Patrick Ewing y Drazen Petrovic! Esta ha sido tan solo una de las remontadas de mi vida.

¿Por qué nos gustan las remontadas?

Algunos de los momentos más recordados del deporte tienen que ver con remontadas que parecían imposibles. Dejando a un lado la final del Mundial de Sudáfrica, quizá el partido más recordado de la historia del fútbol español es el del 12-1 frente a Malta logrado por la selección. Tantas veces hemos visto repetidos los goles y vuelto a hablar del último tanto de Juan Señor que hasta parecemos haber olvidado que, en realidad, lo único que se consiguió ese día fue la clasificación para la Eurocopa de 1984. Pero fue tan dramático y sorprendente que ha quedado en la memoria de los españoles.

En efecto, por esta senda caminan las razones del atractivo que ejercen las remontadas. No en vano, las leyendas de los héroes se forjan merced a la superación de circunstancias infranqueables y al *Homo sapiens* siempre le han apasionado los relatos a través de los cuales se han transmitido tradiciones, cultura y conocimientos. Nuestra especie se ha congregado en torno al fuego de la tribu, al cantar de los juglares o a la radio y la televisión para recordar a sus héroes. Las modernas teorías antropológicas subrayan cada vez más la condición tribal de nuestra especie para justificar la pasión que despiertan determinados acontecimientos deportivos en todo el mundo. Estas son las causas de la popularidad de las remontadas: un relato y una emoción. «Y tú estás más cerca de ellas de lo que crees. Piensa en algún momento de tu vida que te vieras bloqueado y, de repente, saliste adelante. Seguro que se lo contaste a tus amigos. Porque a través de nuestras narrativas también vamos construyendo nuestra identidad. Y las remontadas son claras protagonistas.»

> Las causas de la popularidad de las remontadas es que tienen un relato y una emoción.

Curiosamente, estos grandes éxitos que permanecen en la historia del deporte parten de errores gruesos o de situaciones desesperadas, de momentos en los que es necesario que quienes participan logren ese rendimiento sublime en el que la motivación representa un papel tan predominante como necesario. Por eso, durante los días que tarda en llegar la hora de la verdad, los protagonistas se afanan en crear un ambiente propicio para poder desarrollar su habilidad con una concentración e intensidad superior a la habitual. Es lo que necesitan, porque tienen ante sí un reto extraordinario.

Y así, la remontada queda grabada en la memoria colectiva porque el esfuerzo, el deseo y la tenacidad en pos de la victoria son tan emocionantes que se contagian de forma automática e inevitable a quienes la contemplan.

Las claves de la remontada

Hablar de remontada es hablar de emociones. Una emoción es un sentimiento, una fuerza que te saca de tu estado habitual. Y para afrontar situaciones excepcionales se requieren motivaciones excepcionales. No es de extrañar, por tanto, que emoción y motivación tengan la misma raíz latina. Motor, motivación, emoción no solo tienen el mismo origen etimológico sino los mismos efectos. Nos mueven, nos sacan de nuestra rutina y, por tanto, nos empujan a actuar con energía. (Casi podíamos concluir que la emoción es el motor de la motivación.)

La emoción es el motor de la motivación.

Por eso, en las remontadas los protagonistas involucran a los componentes emocionales desde el principio. En las eliminatorias de ida y vuelta, como si no se pudiese perder un momento para crear la atmósfera necesaria, muchos deportistas lanzan mensajes de optimismo en la rueda de prensa posterior al fracaso, recuerdan situaciones similares en las que sí han conseguido el triunfo y afirman que están capacitados para repetirlo. Otros ni siquiera esperan tanto.

> Nada más sufrir la inapelable derrota y la dureza del Inter de Milán, mientras se dirigían a los vestuarios de San Siro, Juanito obsequió a los italianos con una frase amenazadora: «90 minuti en el Bernabéu son molto longo». Sin saberlo, el temperamental delantero del Real Madrid había dado vida al que luego se bautizó como «el espíritu de Juanito» y al que hoy convocan los madridistas cada vez que necesitan algo parecido a un milagro.

Cada cual llama al Séptimo de Caballería a su estilo. El verbo certero de Jorge Valdano trasladó al fútbol la expresión de García Márquez y acuñó un nuevo tópico periodístico: «El miedo escénico», ese con el que el Bernabéu embrujaba a los visitantes. (Por cierto, que desaparecidas las generaciones de madridistas genéticos como Juanito, Camacho o Raúl, el efecto intimidador del estadio blanco parece haber disminuido notablemente. Da la impresión de que más que el escenario lo que creaba un efecto mágico eran los actores.)

Más recientemente, Xavi Hernández, a su modo reflexivo y prudente, reclamó a los suyos que se pusieran manos a la obra para darle la vuelta a un 2-0 que habían sufrido en Milán: «A esta generación le falta una remontada», arengó a sus compañeros. O sea, somos muy buenos, pero ahora nos toca demostrar que también tenemos redaños.

En relación con su equipo, la misión de estas soflamas no es otra que la de crear desde el origen un clima diferente con un doble motivo. Por un lado, engendrar el ambiente de trabajo imprescindible, pues quedan días de duros entrenamientos hasta el momento definitivo y afrontarlos con una perspectiva pesimista y, en consecuencia, escasamente energética, les impediría llegar al momento de la verdad con la preparación adecuada. Y por otro lado, y más importante todavía, están tratando de convencer a su grupo y a sí mismos de que intentarlo merece la pena, que no es una pérdida de tiempo. El primer paso para la consecución de un reto es la creencia de que lo puedes hacer. Al menos, tenemos que imaginar o soñar con una posibilidad de que lo vamos a lograr. Para pasar a la acción no es necesario que el objetivo esté en nuestra mano, pero al menos hemos de creerlo. El objetivo, para que sea motivador, hemos de percibirlo a nuestro alcance.

Pero también Juanito, Valdano y Xavi están lanzando mensajes fuera del grupo, porque en el deporte hay más actores. De una parte, apuntan al equipo rival, al que intentan intranquilizar y debilitar desde el punto de vista anímico (lo contrario de lo que buscan con su equipo), para que no trabajen en las mejores condiciones y que su moral se resienta. Asimismo se están dirigiendo a quienes pueden difundir su firme voluntad de remontada. Los trasmisores del mensaje —el tamtam de los medios de comunicación— tienen que crear un clímax narrativo desde el mismo momento en que este se origina. De forma excepcional, la opinión no se vuelca solo en sus labores habituales de despellejar a todo lo que se mueve, sino que empieza a escribir el relato de la venganza.

En definitiva, los deportistas se están dirigiendo a los suyos, invitándolos a formar parte de un hito que nunca olvidarán. Quieren que se identifiquen con su situación y se impliquen en la creación de un estado emocional único. El día del partido los jugadores y los hinchas se convierten en un solo equipo cuyos miembros se contagian y se alientan en su búsqueda de la victoria. Llegado el momento de la verdad, los estadios, los pabellones, los circuitos y hasta los puertos del Tour se llenan de aficionados dispuestos a ayudar a sus ídolos y a ser partícipes de una gesta que recordarán mientras vivan.

La sensación de que el viento sopla a favor

Me imagino que muchas veces en tu vida, ya sea trabajando, estudiando, escribiendo, leyendo, hablando, imaginando, dibujando o, por qué no, practicando tu deporte favorito habrás sentido que lo haces con naturalidad, sin esfuerzo, con mucha mayor fluidez y productividad que en otras ocasiones. A veces ocurre de forma espontánea, sin saber muy bien por qué, pero la mayoría de las veces sucede cuando estás contento, cuando lo que estás haciendo te apasiona o cuando encuentras la solución de algo que parecía complicado y empiezas a desatascar el problema. Entonces, todo parece que sea fácil, y empiezas a funcionar sin pensar y con la sensación de que no hay nada que pueda detenerte.

Es lo que ocurre en las remontadas. Después de un momento de desconcierto, casi de desesperación porque sucede justo lo contrario de lo que esperabas, empiezas poco a poco a reconstruirte y a encontrar respuestas y comienzas a ver la luz al final del túnel. Entonces, lo que parecían obstáculos insalvables se sortean con facilidad y los errores no importan porque la dinámica enseguida los supera.

Tal y como os contaba al principio del capítulo, la consecución de la medalla de Los Ángeles fue, en cierto modo, inesperada. Pero solo en cierto modo. No pude soñar con ella de niño, pero nuestro equipo nacional daba muestras de estar entre los mejores desde hacía unos años. La llegada de Fernando Martín y Andrés Jiménez había fortalecido nuestro talón de Aquiles, el juego interior. Siempre habíamos sido buenos, pero bajitos y ahora, por fin, podíamos luchar en igualdad de condiciones. Seguían siendo más altos, pero nuestra velocidad y nuestra inteligencia (como puedes comprobar) ya compensaba nuestra estatura. Sin embargo, un partido contra Yugoslavia nunca es fácil. El primer tiempo de la semifinal fue un calvario en el que nada sucedía conforme a lo previsto. Parecíamos novatos jugando en el patio del colegio. Solo en los últimos minutos un breve respiro nos dio cierta confianza para reunirnos en el descanso con tranquilidad. Repasamos los errores, volvimos a nuestros principios y con el acierto en la reanudación encontramos la energía necesaria para revertir la situación de forma paulatina. Entramos en el último tramo de partido jugando con tanta facilidad y soltura que ni siquiera Dragan Dalipagic o Drazen Petrovic pudieron frenarnos. Una vez que encontramos nuestro ritmo todo marchó como la seda.

Es durante las remontadas cuando se suceden los momentos de máximo rendimiento de los equipos, impulsados por la confluencia de diferentes fuentes de motivación extraordinaria. Pero no es fácil construir el ambiente y la mentalidad de estos estados emocionales. Ni siquiera los mejores equipos son capaces de reproducirlas a su antojo, y en muchas ocasiones fracasan. Y no es fácil porque nunca lo es la búsqueda de la excelencia. Pero es a lo que hay que tender. ¡Ay, si pudiéramos tener el mismo espíritu más a menudo!

Siempre he sostenido que el deporte es un laboratorio de la vida. La ética de trabajo, el respeto a las normas, las relaciones personales, los intereses que se mueven son los mismos que en cualquier otro ámbito de nuestra existencia. Sin embargo, hay una particularidad que confiere a la práctica deportiva ese carácter tan pedagógico como extrapolable: todo sucede más rápido, con más intensidad y, en muchas ocasiones, con la dificultad añadida de que es contemplada y seguida por millones de personas.

Quizá estés pensando que en tu trabajo no hay público que te anime. No te importe. Los deportistas tampoco lo tienen cuando se entrenan. O quizá creas que es muy fácil motivarse para luchar por una medalla olímpica. Tienes razón, lo es. Pero para llegar a ese momento hay que pasar decenas de miles de horas entrenándose en solitario o en compañía de tus colegas. Y te puedo asegurar una cosa: si no logras entrenar gran parte de esas horas con el espíritu de las remontadas, nunca podrás llegar a jugar por las medallas. No se te olvide que un año antes de conseguirla, yo estaba más cerca de bajar a segunda división que de participar en unos juegos olímpicos. Este y no otro es el secreto de los campeones: el espíritu de la remontada en el trabajo del día a día. ¿Quieres saber cómo hacerlo? Pues sigue leyendo…

II

CÓMO EMPEZAR LA REMONTADA

La Copa del Mundo de Fútbol de 2006 supuso una nueva decepción para la Selección Española. Una vez más se frustraban las expectativas de los aficionados en un equipo nacional que, salvo escasas ocasiones en la historia, no había conseguido los objetivos que buscaba. El hecho resultaba más llamativo en un periodo en el que ya muchas selecciones de otros deportes habían conquistado títulos mundiales y europeos y el deporte español había despegado definitivamente con Nadal, Alonso y Pau Gasol.

Al término del partido contra Francia que nos dejó en la cuneta, el seleccionador Luis Aragonés declaró estar dispuesto a seguir comandando el equipo nacional, lo que suscitó numerosos comentarios en contra y críticas que continuaron en los meses siguientes, en los que la selección intentaba conseguir la calificación para la Eurocopa 2008 sin terminar de mostrar un juego convincente. Pero Luis tenía un plan.

El 13 de octubre de 2007 España se impuso a Dinamarca y comenzó la revolución de los bajitos. «Voy a poner a los buenos, porque son tan buenos que vamos a ganar la Eurocopa.» El equipo encontró un estilo del que sentirse orgulloso al que el añorado Andrés Montes bautizó de forma tan onomatopéyica como mercadotécnica: el tiki-taka. Sin que entonces lo supiéramos, Luis Aragonés acababa de poner en marcha la selección que iba a marcar una época.

Conscientes de su importancia, los jugadores nunca escatimaron elogios hacia «el Sabio de Hortaleza», cautivados por el innegable gancho de su personalidad. La piedra angular de aquel entramado futbolístico, Xavi Hernández, no se cansa de repetir que «sin Luis nada hubiera sido igual. Con él empezó todo, cuando nos juntó a los pequeños: Iniesta, Cesc, Villa, Silva, Villa, Cazorla… y cambiamos la furia por el balón». Más escueto, Iker Casillas comentaba el otro motivo que terminaba por explicar todo: «La clave fue Luis. Él nos convenció de que podíamos ganar».

El motor de arranque: el deseo

Las remontadas se culminan mientras la energía no cesa de brotar mientras duran. Esta se produce, se contagia, se alimenta y se mantiene hasta el final. Así sucede en los equipos bien conjuntados, en los que la relación grupal contribuye a la generación de un ambiente en el que los miembros se retroalimentan entre sí. Pero no te refugies en que las remontadas son más sencillas para los equipos. Al fin y al cabo, el equipo no es más que una suma de individuos que lo que hacen es compartir la de cada uno y distribuirla en común.

La remontada más espectacular y recordada de la historia de los JJOO tuvo lugar en la prueba de los 800 metros lisos de Munich-72. David Wottle, un talentoso e inexperto corredor de 21 años que había igualado la mejor marca mundial en las pruebas de selección estadounidenses ante la sorpresa generalizada, había llegado con una preparación escasa a la ciudad bávara debido a una lesión de última hora. Por si fuera poco, después de los trials, y a escasos días de la competición olímpica, había decidido casarse e irse de viaje de novios. Entre aguantar el enfado de su mujer y el de su entrenador optó por lo segundo, lo que generó un estado de desconcierto y pesimismo en la delegación norteamericana. Una vez comenzada la competición, Dave enseguida llamó la atención por correr con una gorra de golf y por su estrategia de carrera, en la que comenzaba tan descolgado del grupo que parecía imposible que fuera capaz de rebasar a sus rivales antes de llegar a la meta. En la final, en una remontada inolvidable para todos los que la vimos, apuraría hasta el último metro logrando batir por tres centésimas de segundo al soviético Arzhanov, el gran dominador de la prueba durante los cuatro años previos. Una determinación poderosa que le llevó a lograr lo que nadie había logrado antes: correr los 800 en cuatro parciales de 200 metros de 26 segundos cada uno. Para rematar su peculiar actuación, el despistado atleta olvidó quitarse la gorra durante la ceremonia de entrega de medallas, lo que ocasionó un gran revuelo en su país. Pero esta es otra historia.

Pero ¿por qué se produce la energía?, ¿dónde y cómo se origina? No por conocida hay que obviar la respuesta. La remontada parte del **deseo**. Parte de que los que estábamos en el equipo olímpico del 84 queríamos una medalla. De que Luis y los futbolistas de la selección querían terminar con el mal fario de la selección de fútbol. Del deseo de Juanito y Xavi de pasar las eliminatorias y de Dave Wottle de subirse al podio. Y en mi caso, cuando salí del Real Madrid, mi deseo era ser feliz jugando al baloncesto. Esa fue la chispa que encendió la mecha en estos casos. El motor de arranque. **El estímulo de la ignición.**

Los estímulos de la ignición pueden ser muy variados. Sus causas pueden obedecer a muy diversos tipos de recompensas: económicas, levantar un negocio, encontrar un trabajo o ayudar a los demás. También, cómo no, al logro de la reputación o

a la restauración del prestigio porque existen causas relacionadas con el orgullo en sus muy diversas vertientes (¿recuerdas a
Escarlata O'Hara pronunciando una de las frases más famosas
de la historia del cine: *«A Dios pongo por testigo de que jamás
volveré a pasar hambre»*?) Quizá estás pensando que también
en muchas ocasiones nos vemos forzados a hacer cosas por
obligación, porque no nos queda más remedio. Enseguida hablaremos de ello.

Este tipo de deseos poderosos, necesarios para el inicio de
una trayectoria o de un proyecto concreto, entran también en
juego cuando nuestro depósito de combustible se vacía o disminuye como consecuencia de los altibajos propios de las circunstancias personales y de los acontecimientos, o con el quehacer diario. Es decir, también funcionan como **estímulos de
recarga,** como un recordatorio que ayuda a mantener la intensidad del empuje en el día a día.

> El deseo es el punto de partida de las remontadas y también
> el que te empuja y te alienta a continuar cuando las fuerzas decaen.

Sin embargo, durante la ejecución de la remontada, este
tipo de estímulos pasan a segundo plano, incluso dependiendo
del tipo, casi llegan a desaparecer. En la ejecución de la remontada necesitas energía renovable y permanente, y esa solo puede
venir de las emociones que vas generando de forma instantánea
y cuya energía te impulsa a seguir adelante.

Para entendernos, la remontada comienza con el deseo de
ganar una medalla o de pasar la eliminatoria. Pero cuando estás enfrascado en el partido, lo que determina que perseveres
en el esfuerzo es, por ejemplo, la sensación de que estás hacien-

do un buen trabajo. «Vamos Joe, sigue defendiendo que Petrovic no puede contigo». Y que todo marche mejor porque Petrovic no es capaz de superar nuestra defensa nos da confianza también para anotar. Como también ayuda mirar al marcador y comprobar que estás acortando distancias. Así, la suma de pequeños estímulos va forjando en tu fuero interno una determinación que se retroalimenta, que te empuja a hacer algo y que te atrae hacia ese objetivo. En el día a día, en la ejecución de lo que tengas entre manos, cuando estás escribiendo, proyectando, diseñando o incluso ordenando tu mesa para trabajar mejor, no puedes estar pensando en tu sueño, porque, entre otras cosas, el quehacer diario requiere una concentración total. Cuando tienes que defender o tirar un triple o pensar qué tipo de jugada le conviene al equipo, no puedes estar imaginándote subido en el podio.

> Las emociones son las energías renovables del día a día, las que alimentan tu determinación.

Por qué buscamos las remontadas

O dicho de otra forma, ¿por qué brota el deseo de ignición? La respuesta es sencilla y tiene que ver con la propia naturaleza humana. Sin extenderme en profundidades que no son el objeto de este libro, entre las necesidades que señalan los psicólogos como imprescindibles para nuestro desarrollo como seres humanos están las de dar sentido a nuestra existencia. Necesitamos hacer cosas que la llenen.

A primera vista, tener que estar siempre buscando actividades que nos satisfagan podría parecer una carga pesada de sobrellevar, pero no lo es. Una razón es porque lo hacemos de forma natural. Piensa que, quien más y quien menos tiene una o varias aficiones que le apasionan y que llenan una buena parte de sus vidas. Y otra, porque a diferencia de otros tipos de necesidades que son más objetivas, las necesidades de buscar un sentido son completamente subjetivas. Por eso Mallory se fue a escalar el Everest, Admunsen al Polo Sur, David Livingstone optó por explorar África y muchas personas deciden hoy en día correr un maratón.

Y es que los seres humanos somos capaces de encontrar motivos de muy diversa índole que nos pongan en marcha incluso para desarrollar la misma actividad. Entre los millones de deportistas aficionados que hay en el mundo algunos lo practican para preservar la salud, otros para tener mejor figura, también por afán competitivo y muchos para emular a sus ídolos del deporte profesional. Y podría seguir con la lista. Todos hacen deporte y cada uno por un motivo distinto. Pero todos tienen un deseo. Sin embargo, el impulso que mueve a los grandes del deporte es muy diferente, incluso cambia y se renueva con otro propósito que no tenía que ver con el anterior.

Cuentan que Michael Jordan, una vez que se identificó con Chicago y su equipo, quiso limpiar la imagen de la ciudad, siempre asociada en la cultura y vida estadounidense a las películas de gánsteres. Menos trascendente se mostraba Usain Bolt cuando explicaba sus victorias en el Mundial de Atletismo de 2013 en Moscú. Al comienzo de la temporada, después de los JJOO de Londres, el Relámpago se encontró vacío, muy presionado y sin motivación para seguir entrenando. «Más das y más te piden. Consigo la luna y me piden el sol.» Pero todo cambió cuando Justin Gatlin le derrotó al principio de temporada. Era su peor enemigo. Aquel que al terminar la carrera pasó a su lado, le miró despectivo y escupió en el suelo. «Cometió el peor error de su vida: encontré un motivo para volver.» Con mucha más guasa, nuestro gran golfista Miguel Ángel Jiménez, que con 50 años se convirtió en el jugador con más edad ganador de un torneo del circuito europeo, explicaba con una sonrisa qué era lo que le movía a seguir una temporada más entre los mejores: «Quiero seguir pateando en el culo a todos esos jóvenes cachas que entran en el circuito».

Como ves cada hijo de vecino busca su deseo. La vida de cada cual es diferente, pero todos han encontrado la forma de hacerlo. Busca un deseo, un motivo, un fin, una conexión, un propósito, un objetivo, una causa, una motivación que conecte con lo que quieres hacer. Encuentra tus pasiones y tus devociones o simplemente tus aficiones, porque te darán un punto de partida poderoso y te suministrarán energía renovable e infinita, te acercarán a la remontada y te alegrarán la vida. Conseguir lo que nos proponemos es una fuente de placer.

Ya sé lo que estás pensando. Sí, sí, es muy fácil cuando hablamos de aficiones o de retos apasionantes, pero ¿qué ocurre con el trabajo o con las tareas impuestas?

¿Y si mi trabajo no es mi pasión?: tienes mucha cancha para la remontada

Quizá estés pensando que para los grandes deportistas es muy fácil motivarse porque tienen objetivos muy atractivos, juegan ante el público y su labor es muy reconocida por los medios. Seguro que la mayoría de las profesiones no son tan emocionantes, aunque haya muchas que tienen mayor trascendencia.

Pero ¿cómo poner en marcha el estímulo de ignición, ese deseo, cuando no tengo una meta tan atractiva o lo que hago no es una tarea atractiva? Aquí tienes un reto: darle sentido a lo que haces. Y puedes hacerlo. Recuerda:

Las necesidades de sentido son subjetivas.

De lo contrario, a todos los seres humanos nos gustaría lo mismo. Es más, los seres humanos vamos cambiando nuestras preferencias en el curso de nuestra vida y con frecuencia nos preguntamos cómo es posible que me gustara aquello o quién me iba a decir a mí que iba a hacer lo otro. Si hace veinte años me hubieran dicho que iba a estar haciendo maratones en la nieve de más de cinco horas les hubiera contestado que si estaban locos. Porque siempre había sido un velocista y me gustaban los entrenamientos intensos, rápidos y cortos.

Piensa en lo siguiente: la mayoría de los proyectos que emprendemos en nuestra vida tiene dos vertientes. Una, la de la mera actividad, que puede ser monótona e incluso desagradable. La otra, un componente de finalidad que va más allá de la realización de las actividades y que puede ser mucho más reconfortante. Puedes ir a una mesa electoral pensando que vaya fastidio perder un día pidiendo el Documento Nacional de Identidad a la gente y contando papeletas o ir pensando que estás cumpliendo un gran servicio a la comunidad. Yo me apunto a lo segundo. Es la diferencia entre tener la sensación de perder un día de tu vida o irte a casa feliz pensando que has hecho un servicio a la comunidad.

No te extrañe si no te habías hecho esta reflexión hasta ahora. Yo tampoco. Me he encontrado con este componente de finalidad en toda su extensión ya retirado, años después de que se apagaran los focos. En los partidos estamos muy cerca del público al que le apasiona el equipo. Puedes sentirlos y su energía es una gran ayuda cuando juegas como local. Y al terminar, algunos se quedan a pedir autógrafos y fotos. Sin embargo, en el día a día de los entrenamientos estamos solos y su energía se escapa por las rendijas de las gradas vacías.

Enfrascado como estaba en la mejora del equipo y en el desarrollo del entrenamiento diario nunca se me ocurrió pensar hasta qué punto éramos importantes para muchas personas. Debía andar algo despistado, porque era lo más lógico. También mi existencia y los recuerdos de mi vida están vinculados a libros, canciones y partidos. O mejor, a mis escritores, músicos y deportistas favoritos, a quienes debo incontables horas de placer. Muchos años después me encuentro cada vez con mayor frecuencia a aficionados que me dan las gracias por tantos buenos ratos que les hicimos pasar o que me cuentan que el primer partido de baloncesto que vieron en su vida fue la semifinal de los Juegos Olímpicos contra Yugoslavia. Y recibo con enorme satisfacción el testimonio de los que me confiesan que empezaron a jugar al baloncesto gracias a nosotros. ¡Qué lástima no haberme dado cuenta de ello antes para haberlos sentido más cerca! La grada nunca hubiera estado vacía.

Ahora vamos fuera del deporte para que pienses, por ejemplo, en el trabajo de un auxiliar de vuelo. La mayoría de sus tareas son muy monótonas. Explicar las instrucciones de seguridad, contar a los pasajeros, sacar los carritos de venta, servir las comidas, recoger después las bandejas y colocarlas en los armarios no son las tareas más atractivas del mundo. Y todos los días lo mismo. Pero mi hermana tiene otra visión completamente distinta. Permíteme que te hable de ella. Podría haber escogido a cualquier otro auxiliar de los muchos que conozco, pero **María José** siempre se queja de que es la gran ignorada de la familia y de que nunca hablamos de ella en las entrevistas. Así que como ya era hora de reparar el entuerto, soy yo el que la he entrevistado.

Pepa, como era popularmente conocida en los círculos de Iberia, es la única que no ha sido deportista practicante de la familia, ni falta que le ha hecho. Igualmente ha heredado el carácter competitivo de nuestra madre, capaz de hacer de las tareas domésticas una competición olímpica. María José ha sido una campeona del trato con el pasaje y con los compañeros como auxiliar y sobrecargo. Según me confiesa, durante 35 años fue al trabajo a «intentar pasárselo bien». Trataba a los pasajeros como «si fueran invitados en casa» y a los compañeros, como amigos. Con motivo de la final de los Juegos Olímpicos de Los Ángeles (que tuvo lugar en la madrugada española) invitó a toda la tripulación a ver el partido en su habitación del hotel de Barcelona, donde todos fueron con las almohadas y en pijama y estuvieron picoteando y bebiendo champán, cual camarote de los Hermanos Marx. En su último cumpleaños más de 300 compañeros de la compañía la felicitaron por Facebook al tiempo que la invitaban a tomar unas cañas.

Simpática a rabiar, no como los hermanos, y con un natural don de gentes, herencia de mi padre, su misión primordial era que «los pasajeros se divirtieran y estuvieran cómodos» para lo que ni escatimaba sonrisas ni perdía ocasión de bromear con ellos. En un vuelo transoceánico en el que un pasajero de primera clase le solicitó el menú reducido porque quería dormir, mi hermana le contestó con tono jocoso y pícaro: «Entonces, quiere usted algo rápido como en casa, ¿no?» «Sí, sí, algo rápido, como en casa», respondió el hombre sin pensar muy bien lo que decía. Un segundo más tarde estaban los dos riéndose a carcajadas. Sin embargo, siendo esto importante, considera que su labor primordial era la seguridad: «Estamos ahí para solucionar las situaciones de emergencia. El bocadillo se lo podrían traer de casa», concluye con su estilo habitual.

Como has podido comprobar, un enfoque diferente y personal de una actividad rutinaria y, en esencia, igual para todas las trabajadoras de la compañía. Ya jubilada, me confiesa que durante su carrera ha tenido que torear con muchos bordes, que los vuelos transoceánicos son un infierno porque tienes que trabajar toda la noche y que todavía toma pastillas para dormir debido al desajuste horario. «Echando la vista atrás, no me explico cómo he aguantado tantos años en los aviones.» Yo sí, querida hermana. Porque ibas a pasártelo bien y a hacer que los pasajeros se lo pasasen bien contigo. Esto es lo que entiendo yo por **luchar** para que tu trabajo te guste. Luchar porque te guste lo que haces es un **reto** con premio gordo. Todo reto es energético mientras lo tengas en el punto de mira, pero la consecución de este te dará incontables horas de satisfacción.

Parap Gupta quedó impresionado cuando siendo un niño viajó desde California a la India en busca de sus orígenes. La basura se acumulaba en las calles y descubrió que muchas personas vivían de recogerla y escarbar entre los residuos para recaudar con ellos como mucho un euro al día. Parap decidió crear un sector productivo con el que paliar el problema medioambiental y, sobre todo, dignificar la situación de esas personas para que cobrasen un salario y que algún día pudiesen tener algún tipo de seguridad social. Su proyecto Waste Ventures, basado en la recogida y reciclaje de la basura, comenzó en tres ciudades, pero ya está implantado en más de 300. Conversando un día con una de las trabajadoras acerca de si no pensaba cambiar de actividad le contestó: «No es el mejor trabajo del mundo, pero estoy acostumbrada. Además, ahora ganamos un dinero con el que puedo pagar los es-

tudios de mis hijos. No quiero que ellos pasen su vida entre basura».
Como dice el propio Gupta: «La basura de unos es el tesoro de otros».

> Te guste o no lo que haces lucha por encontrarle un sentido,
> un propósito. Te recargará de energía cuando te sientas vacío.
> Te ayudará en los momentos difíciles. ¡Dará sentido a tu vida!

En definitiva, las posibilidades que tienes de vincularte emocionalmente son innumerables: con una idea (generosa, artística, innovadora, creativa, retadora…), con un proyecto, con el resultado del proyecto, con la marca que gestiona ese resultado porque ya es prestigiosa, con los beneficiados, con los clientes del proyecto o con el producto en sí por ser un objetivo común en el que participas; o si piensas en ti mismo, con el prestigio que te supone, con la satisfacción personal que te reporta hacer algo que has soñado, algo que no has hecho nunca o, simplemente, algo que te apetece. Las opciones, repito, son infinitas porque infinita es la imaginación humana.

Y ahora te voy a dar datos. La encuesta anual llevada a cabo en 2015 por Adecco —esa empresa de Recursos Humanos tan ligada al baloncesto y al deporte— entre profesionales de todos los órdenes para comprobar el grado de satisfacción con su trabajo, ha ofrecido más o menos los resultados de siempre. En los primeros puestos aparecen los deportistas, los científicos, los formadores, los médicos y los psicólogos. Estas profesiones tienen en común que en su esencia contienen algún rasgo vocacional que conecta a quienes la practican con algo o con alguien más allá de lo que hacen. Es decir, los profesionales más satisfechos son los capaces de comprometerse y vincular su actividad con un propósito que la trascienda. Por ejemplo, los que tienen un contacto directo con quienes experimentan una mejora sustancial en su persona (los formadores y los médicos) o con quienes reciben un servicio de calidad (sería el caso de los deportistas). Pero también quienes están trabajando por un eventual progreso de la sociedad, como los científicos.

> María Blasco, directora del Centro Nacional de Investigaciones Oncológicas, el mayor centro de investigación contra el cáncer en España y una referencia a nivel mundial, señala que la labor de los investigadores está sujeta a numerosas frustraciones: «Hay muchos proyectos que se frustran a los que los implicados han dedicado incontables horas de trabajo, incluso el esfuerzo de años. Entonces hay que remontar la situación para comenzar con un nuevo proyecto y otra vez con la mayor energía posible. En ese momento, su mayor motivación es la conciencia de que su labor puede ser un paso, por milimétrico que sea, en la lucha contra el cáncer».

En resumen, la vinculación emocional es una fuente de energía de primer orden, un estímulo de ignición muy importante. Pero también hay otros estímulos de energías renovables que te darán fuerza para la remontada diaria. Algunos tienen que ver con el sentido del que hemos estado hablando; otros, y esto es más interesante, funcionan independientemente y se retroalimentan. Ya lo verás…

III
LOS VALORES: EL PUNTO DE PARTIDA

El 25 de julio de 1999 la selección de Pau Gasol, Juan Carlos Navarro y Raúl López conquistó el Campeonato del Mundo júnior de baloncesto y abrió el periodo más fértil del deporte español, la llamada Edad de Oro. Desde entonces y hasta la fecha, los deportistas españoles han conseguido numerosos títulos europeos y mundiales en los deportes más reconocidos, al tiempo que muchos de ellos se han convertido en modelos sociales tanto por sus triunfos como por su comportamiento ejemplar.

Quizá por ser el fútbol la modalidad más popular en España, la educación del siempre equilibrado Xavi, la naturalidad de Casillas y la inocencia de Iniesta han impactado entre los españoles al encarnar con cercanía y normalidad un éxito al alcance de muy pocos. También, entre otros, Pau Gasol, Lorenzo y Márquez y, más recientemente, Mireia Belmonte, Carolina Marín y Garbiñe Muguruza se han convertido en referentes en nuestro país y, si me permiten la inmodestia por ser parte del gremio, en los mejores representantes de España en el exterior. Lejos de las excentricidades de otras figuras extranjeras del cine, de la música o del propio deporte, los nuestros se han comportado, en líneas generales, con una sencillez y humildad que les ha granjeado la admiración de millones de personas en todo el planeta. Pero el tiempo corre deprisa para los deportistas y la mayoría de los protagonistas de la Edad de Oro están más cerca de la retirada que de sus mejores logros, cuando no alguno de ellos transitando ya por la senda de la jubilación. Tal es el caso de ilustres como el español con más medallas en los JJOO, David Cal; del que fuera durante tantos años capitán de la selección de balonmano, David Barrufet, o del carismático Jorge Garbajosa, uno de los mejores baloncestistas de nuestra historia.

Seguro que a estas alturas del discurso ya te estarás preguntando si mi memoria está en buen estado o ha sufrido algún menoscabo como consecuencia de algún encontronazo con Tkachenko. De momento no es el caso, ya que a los dos más famosos de la lista les he reservado una mención aparte en la relación por motivos diferentes. El principal, porque es el deportista que más admiración ha despertado y más reconocimientos ha conseguido en España por encima de los extraordinarios ya citados, es Rafael Nadal. Su actitud en la cancha y fuera de ella, la forma en la que ha afrontado los numerosos reveses sufridos en su carrera y sus declaraciones en la victoria y en la derrota lo han colocado en ese lugar de preferencia. El mallorquín es el deportista favorito de España, tal vez porque siempre parece tener los pies en el suelo e incluso en los momentos más difíciles de su trayectoria, los que está pasando en el momento que escribo estas líneas, sigue dando lecciones de madurez y tranquilidad.

Es muy frecuente escuchar a los aficionados alabar estas y otras cualidades de Nadal como su concentración, su afán de lucha y su habilidad para rendir más cuando las dificultades son mayores. También su sensatez y su aceptación de la realidad, el primer paso para superar los vaivenes lógicos de cualquier actividad profesional. Después de la lesión que truncó su temporada en 2014 no ha vuelto a su mejor nivel. En julio de 2015, tras su derrota en cuartos de final del abierto de Cincinatti declaró: «Olvidémonos del mejor Nadal: soy el de hoy y quiero disfrutar del día a día. El mejor Nadal volverá o no volverá. Ahora soy el que soy».

La importancia de los valores en el deporte

Cuando pregunto en mis reuniones con empresarios o jóvenes deportistas por qué Rafael Nadal es uno de los mejores de nuestro país y de la historia del tenis, las respuestas que obtengo son muy variadas: por su físico, porque no da una bola por perdida, porque supera las situaciones límite, por su golpe de derecha, etc. Todos tienen razón, porque las causas que conducen a una persona a ser el foco de admiración de un país son muchas. Sin embargo, hay una que las resume por encima de todas: sus valores. Siendo todavía más concretos, la **educación con valores** que desde niño le inculcó su entorno.

Nadal ha sido tan grande, y esperemos que vuelva a serlo, por su humildad, su respeto por los rivales, su resiliencia, su estabilidad emocional y su apego a la realidad, entre otras cualidades que le han permitido llegar a donde ha llegado. Tan interiorizado como su mejor golpe tiene que si no es humilde, si no respeta, si no trabaja lo suficiente cada día, si no intenta mejorar su juego y sus articulaciones en busca de la excelencia, cualquiera de los muchos jugadores que hay en el mundo sería capaz de derrotarlo. Sin duda, el punto de partida de su figura extraordinaria es la interiorización de esas **creencias**.

Con motivo de la inauguración del torneo de tierra de Río de Janeiro de 2013, Nadal se acercó a una entonces joven promesa del tenis español. Después de los saludos de rigor, el manacorense le hizo una pregunta que revela su humildad y el respeto con el que trata a sus rivales. Le fue a pedir información de su próximo rival. ¡El número 2 del mundo preguntando por el 237!

De todas las anécdotas que cuentan cómo Toni Nadal educó a su sobrino, una de las más significativas es la que relata un suceso ocurrido durante la celebración familiar por la obtención del Campeonato de Tenis de España infantil. El tío hizo una pausa en el camino del festejo para leer en voz alta una lista con veinte nombres. «Dime a cuántos conoces», le preguntó. «Solo a dos: Sergi Bruguera y Álex Corretja», contestó el niño. «Pues es la lista de los últimos veinte campeones infantiles de España», le espetó el tío a su sobrino.

> Los valores no son normas de educación.
> Son creencias que incorporamos a nuestra forma de actuar.

Toni Nadal más que un entrenador ha sido un mentor, un educador en el sentido más amplio de la palabra que ha procurado siempre que su sobrino tuviese los pies bien arraigados en la tierra. Y entendió desde el principio que los valores no son una compañía del éxito, sino **su causa.** Por eso hay que colocarlos en lugar preferente y dedicarles la atención que merecen. Y por eso, uno de sus mantras preferidos es «la voluntad también se entrena».

El éxito de los grandes deportistas no está tanto en la posesión de virtudes especiales como en la implantación de sólidos valores en su forma de actuar. Son estos los que les posibilitarán afrontar el exigente proceso diario y les permitirán superar las derrotas y los errores.

> El talento sin compromiso no sirve para nada.

Más o menos como un coche fórmula uno sin gasolina. Y ya que estamos, en otro de mis alardes —en este caso de imaginación— enlazo con el protagonista que faltaba en mi lista que no es otro que Fernando Alonso. No voy a decir que sea la otra cara de la moneda, pero sí es cierto que su figura ha despertado recelos entre los medios de comunicación y los aficionados. De la estirpe de los pioneros, la de Santana, Nieto y Ballesteros, el asturiano lo tenía todo para convertirse en un ídolo incontrovertible, admirado y respetado sin excepción. No obstante, a pesar de su enorme talento y profesionalidad, desde el inicio de su carrera le han acompañado declaraciones polémicas y actitudes fuera de lugar. Especialmente recordada, por su falta de tacto y exceso de mal gusto, fue la frase que nos regaló tras la obtención de su primer título mundial: «No le debo nada a nadie». También con frecuencia se ha quejado en la prensa de la pobreza de su coche o de algún fallo de los miembros de su equipo, lo que le ha originado numerosos problemas y alguna salida de su escudería poco acorde con su calidad como piloto.

He de reconocer, sin embargo, que su comportamiento ha cambiado de forma notable en los últimos tiempos, curiosamente los más duros para él en el terreno deportivo. Lejos de quejarse y excusarse en los fallos de otro, da síntomas de paciencia infinita, alaba el trabajo de McLaren-Honda y promueve la esperanza de que, en breve, con trabajo y optimismo llegarán los resultados, aunque, de tanto en tanto, continúa aflorando su actitud retadora que genera tanto rechazo. Muy diferente de la respuesta antes comentada de Nadal fue la suya ante su pobre rendimiento tras los entrenamientos del Gran Premio de Gran Bretaña en 2015: «El que se aburra o esté frustrado que apague la tele y que no la encienda hasta Japón, México o el año que viene».

Reacciones de este estilo explican que no termine de ganar el aprecio incondicional de los españoles, según el último estudio publicado por la consultora Personality Media en julio de 2015. Aun siendo el más popular de nuestros deportistas, incluso más conocido que Nadal (99 % frente a un 98 % de los encuestados), para encontrarlo en la lista de los más admirados y de los que más confianza suscitan hay que descender hasta el puesto número 20. No es de extrañar que otra encuesta realizada cuatro meses antes revelara que Nadal sería entre los deportistas el jefe preferido por los españoles. Seguro que por los mismos motivos por los que si nos dieran a elegir como compañero de equipo entre uno u otro la mayoría escogeríamos al tenista en lugar de al piloto.

> Si vives con valores te granjearás admiración y aprecio y despertarás el deseo de colaborar contigo.

La importancia de los valores en la sociedad y en la empresa

La cuestión de si vivimos en una sociedad en la que los valores están en retroceso se está planteando en los últimos tiempos en muchos foros de reflexión. Sin embargo, no me voy a meter en este berenjenal sociológico, pues bastante tengo con lidiar con la remontada después de mi encontronazo con Tkachenko. Ahora bien, sí apuntaré que solo el hecho de que se esté tratando con tanta frecuencia es un claro indicativo de que el movimiento pendular y compensatorio de la historia ya está en funcionamiento o a punto de hacerlo.

Pero con independencia de cuál sea la tendencia social, la relevancia de los valores en la vida social y profesional es incontestable. Por mucho que haya interesados o ciegos en presentarlos como un ideal lejos de la cotidianeidad, las consecuencias de la aplicación de los valores son, en primer lugar, tan perceptibles y productivas como las del más rentable de los recursos. Y, en segundo lugar, la negación de su trascendencia solo refleja un alejamiento de la realidad y de la racionalidad.

La productividad de los valores. Las razones de los negacionistas son fáciles de escrutar. Obedecen al tiempo acelerado en el que vivimos, a la búsqueda del resultado inmediato y al olvido de las causas de los comportamientos. En conclusión, a una falta de perspectiva que entronca con estilos anticuados. Cuando hablamos de valores estamos hablando de principios y creencias cuyos beneficios, en ocasiones, son constructos hipotéticos imposibles de cuantificar de forma matemática. Las emociones no se pueden encerrar en fórmulas, pero en cambio, sí las puedes experimentar. Es esta experimentación a través de nuestras vivencias la que nos va a convencer de su necesidad.

Un ejemplo que lo refleja de forma ilustrativa son los resultados del trabajo en equipo. Hay una parte del fruto de la colaboración en un grupo que se puede medir con exactitud, o al menos con cierta aproximación. La obtención o no de los objetivos marcados y hasta qué punto se han logrado. Pero el premio de la cooperación no es solo el fruto de la labor bien hecha, sino el sentimiento compartido de colaborar con otros en la obtención de una empresa común.

Dicho de otro modo y enfocando el mismo fenómeno desde el punto de vista de la motivación grupal, el premio por la obtención del fin actuaría como una causa de motivación extrínseca, mientras que el sentimiento de satisfacción que proporciona esta cooperación sería un yacimiento de energía constante (motivación intrínseca). En septiembre de 2015, España se proclamó por tercera vez campeona de Europa de selecciones nacionales de baloncesto tras derrotar a Francia en un partido con prórroga en el que nuestra selección tuvo que remar contracorriente. Muchos españoles nos emocionamos con ellos, aunque solo vistiendo la Roja serás capaz de sentir la energía que les mueve en toda su dimensión.

Una vez que has experimentado las corrientes de energía favorable que producen las interacciones positivas, te convertirás en un adicto a la cooperación hasta que pase a ser parte indeleble de tu forma de actuar. Como veremos más tarde, los valores se aprenden.

Javier Gomá Lanzón, el escritor, filósofo y director de la Fundación March, se declaró admirador de la virtud del compañerismo en una conversación con un periodista que tuvo lugar hace escasas fechas: «Hay muchas personas competentes, pero no tantas que sean capaces de trabajar junto a otras. Por eso, a la hora de elegir, siempre prefiero a aquellos que saben cómo trabajar en equipo».

Los valores te darán más oportunidades de juego, incrementarán tu rendimiento y el de tu equipo.

El alejamiento de los valores no solo te distanciará de la realidad, también de la racionalidad. Incorpora los valores a tu vida: un mínimo de reflexión acerca de las consecuencias de la aplicación de los valores te incitará de forma indubitada a construir tu vida y tu carrera profesional en torno a ellos.

Santiago Bernabéu y sobre todo Raimundo Saporta, que compaginó su vicepresidencia en el Real Madrid y en las federaciones española e internacional de baloncesto con la dirección general adjunta a la presidencia del Banco Exterior de España, entendieron la trascendencia de los valores en los resultados del club. Enormemente carismáticos, el principio irrenunciable sobre el que construyeron la leyenda del Real Madrid fue la exigencia de la victoria basada siempre en los valores. La victoria como la consecuencia de los valores: la victoria es importante, pero los valores lo son más en tanto que son universales y permanentes.

> La victoria es efímera, pero los valores son universales y permanentes.

No creo que los moviese un impulso ético o moral, sino más bien la creencia en la rentabilidad de los valores. Prácticos y visionarios, el prestigio del Madrid se extendió más allá de sus victorias. En un momento en el que España estaba muy lejos de su entrada en la Unión Europea, con unas relaciones internacionales muy limitadas como consecuencia de su régimen político, la excelente reputación del club blanco le convirtió en la imagen en Europa de Philips, una de las empresas más importantes del mundo de la electrónica.

En consecuencia:

a) Si eres empresario:

Las políticas empresariales, sin excepción, desarrollan un sistema de valores, aun aquellas que no lo pretendan de forma expresa. Por ello, con mayor motivo que en ninguna otra actividad, no dedicar recursos a su estudio y a su implantación también significa obviar la realidad y, por tanto, dejar suelta una pieza muy importante de la gestión. El análisis y desarrollo de una política de valores ha de ser una función ineludible de las empresas. Pero ¡cuidado!, porque las organizaciones y las personas comunican aunque no quieran hacerlo. Nuestros silencios y nuestra pasividad significan algo para quienes se relacionan con nosotros. Siempre pensamos sobre los valores en positivo. Pero ¿qué ocurre con una empresa en la que ni se comunica ni se practica la honestidad? ¿Qué pasa con un equipo que no pone en marcha la solidaridad?

Si tienes responsabilidad sobre las políticas de tu empresa, reflexionar sobre ellas deberá ser no solo un ejercicio ineludible, sino una muestra de inteligencia. No hacerlo está empobreciendo tu empresa a todos los niveles. Tú eres el Toni Nadal de tus compañeros, el entorno que ayuda a propiciar, compartir y reforzar el desarrollo de los valores.

> Si eres el entrenador tendrás más responsabilidad.
> Juega a favor de la realidad y de la racionalidad.
> Fomenta los valores cada día, tus jugadores jugarán mejor.

b) Para el desarrollo de tu personalidad:

Recuerda que todos los grupos humanos que se relacionan están poniendo en juego un catálogo de valores que has de aprender y revisar. No te desmarques de todo lo que ocurre a tu alrededor, porque en tu mano está tanto mejorarte a ti mismo como mejorar el entorno que te rodea.

La constatación de que los valores no solo son un ideal al que atender sino un fundamento sobre el que construir, ya se revela en las primeras fuentes de la historia. Una conocida anécdota de Tales de Mileto, el padre de la filosofía y el primero de los siete sabios de Grecia, cuenta que su afán por el conocimiento era de tales dimensiones que ensimismado en la observación de los astros cayó en un agujero. No solo en esa sino en otras ocasiones, tuvo que sufrir la ácida burla de sus conciudadanos que con frecuencia le provocaban diciéndole que no debía ser tan sabio si no había llegado a ser rico. Dispuesto a dar una lección a sus críticos, sacó fruto de sus amplios conocimientos de astronomía para anticipar una gran cosecha de olivas. Con la confianza de su predicción adquirió todas las prensas de aceite de Mileto y sus alrededores y monopolizó el mercado, lo que le generó grandes ganancias. Tras haber demostrado al pueblo los aspectos beneficiosos de la filosofía, volvió a sus cálculos y a sus pensamientos.

Los valores son tangibles, experimentables, y la eficacia de sus aplicaciones es tan evidente que sorprende que los individuos, las empresas y los grupos humanos no dediquen más tiempo a su implantación y desarrollo.

El aprendizaje de los valores

Se habla mucho de los valores del deporte con una perspectiva equivocada. Como si fuera una piedra filosofal que solo con rozarla te convierte en mejor persona de forma automática. Pero, en realidad, el deporte en sí mismo es un instrumento vacío. Es el entorno el que te influye, pero es tu predisposición la que asimila. Eres *tú* quien aprende que un entrenamiento perdido no se recupera nunca. Eres *tú* quien aprende a no menospreciar o infravalorar determinadas situaciones. Eres *tú* quien aprende que hay que ser generoso en la victoria y elegante en la derrota. Quienes nos hemos dedicado a una profesión que nos exigía una entrega máxima cada día hemos experimentado esto y mucho más. Pero, ¿cómo aprendemos los valores?

1. *Manteniendo una actitud receptiva: examina tu entorno y sé proactivo.* Como en tantas otras facetas, tu voluntad es fundamental para incorporar nuevas pautas profundas de conducta. En realidad, es lo que hacemos cuando somos niños. En esa edad, el ejemplo de nuestros padres, de nuestros profesores, de nuestros entrenadores, en definitiva, de quienes nos rodean, ejerce una marcada influencia en nuestros hábitos de conducta porque nuestra receptividad es extrema.

   La postura de tu infancia es la que tienes que replicar hoy: la de aprender de quienes pueden marcarte referencias dignas de ser imitadas. Con la discriminación que da la experiencia para copiar solo los ejemplos positivos.

2. *Experimentando en profundidad lo que vayas observando.* Los valores no se incorporan con el estudio, sino que se experimentan y, con la experiencia, se conocen. Por supuesto, que el entorno familiar, social o laboral puede encauzarlos; los maestros ser un ejemplo inspirador que te muestren el camino y tú mismo un teórico de la materia, pero en última instancia, no los aprenderás de verdad, hasta que no los experimentes. Y, sobre todo, hasta que no los asumas.

3. *Convirtiéndolos en creencias.* Una vez experimentados, asúmelos para interiorizarlos hasta que se conviertan en tus creencias. Entonces, no los olvidarás nunca. Si Nadal no los hubiera grabado a sangre y fuego en sus hábitos de conducta, nunca habría alcanzado el grado de excelencia que le ha convertido en uno de los mejores tenistas de la historia.

Cuando Ignacio Cembellín decidió hacer una profunda reforma doméstica durante el invierno, ya que andaba un poco justo de presupuesto, no imaginaba que iba a enfrentarse al mismo tiempo a la situación laboral más estresante de su carrera como responsable técnico y de explotación de Mediaset. Cuando llegaba a casa después de una jornada agotadora le esperaba un lugar desmantelado y sin calefacción, lejos del hogar reparador que hubiera necesitado. Durante semanas pareció envuelto en una pesadilla que no le daba respiro de ningún tipo. Pero aguantó. Aficionado al deporte desde niño, atleta, maratoniano, triatleta, «ironmanómano» y lo más duro, participante en raids de aventura, Nacho se ha convertido en una persona ajena al desaliento después de muchos años compitiendo en pruebas de resistencia: «Hay que seguir avanzando por muy adversas que te parezcan las circunstancias. Como en las competiciones, si superas los momentos más duros, obtienes la recompensa. Solo se trata de resistir porque tarde o temprano todo comienza a ir mejor. Hace años que el deporte me lo enseñó».

> **Para remontar tienes que grabar los valores en tu disco duro.**

4. *Nunca es tarde para aprender e incorporar nuevos valores.* Los valores se aprenden y se aprenden durante toda la vida. Nunca es tarde para aprender nuevos, reforzar los antiguos o apreciar matices inéditos. Y nunca hay que dejar de ejercitarlos. Búscalos, no los esperes. Bucea en tu interior. Analiza tus acciones.

El exentrenador Pat Riley y presidente del equipo Miami Heat, ganador en cinco ocasiones del anillo de la NBA, vertía en una entrevista televisiva este significativo comentario acerca de los dominadores del baloncesto de la NBA en los años 80: «Johnson y Bird adquirieron el hábito de ser generosos. Se convirtieron en jugadores totales, transformándose en pasadores, pensando así siempre en el equipo en primera y última instancia».

5. *No dejando nunca de experimentarlos.* Recuerda que cuantas más veces se experimenten más se consolidan. Que no se borren de tu personalidad. Y que este es el final del proceso. La admiración de los valores o el uso intermitente de los mismos no te conducirán a resultados notables. Hay que dar un paso más, incorporarlos a tu personalidad hasta que sean sellos indelebles. Recuerda: la voluntad también se entrena. Y yo añado: y no hay que dejar de entrenarla.

> **El desarrollo de un jugador no termina hasta su retirada.**

6. *No descuidando la vertiente profesional de los valores.* Un último consejo: la importancia de los valores no se limita al ámbito personal, sino que cada vez se manifiesta más en el profesional y en las empresas. Así pues, no te limites a examinar tu entorno más inmediato. Adquiere el hábito de analizar, no solo el comportamiento de las personas sino también lo que buscan las empresas, en especial las que te atraen, porque tendrás que alinearte con ellas.

Un personaje que volverá más adelante con nosotros es Juan Manuel de la Nuez, consejero delegado de SCPF, agencia de publicidad que cuenta con cerca de 100 empleados en España. Él cree con firmeza en la fuerza de los valores: «Para trabajar en SCPF no buscamos historiales sobresalientes, sino personas con capacidades de adaptación, respuesta rápida y que se impliquen. No necesitamos solo el talento, también la humildad. El talento sin humildad no es suficiente». Por su parte, el cofundador de los estudios Pixar Animations, Ed Catmull, explica de forma minuciosa la cultura de su organización en el libro *Creatividad S. A.* Dentro de los capítulos dedicados a la «Protección de lo nuevo» resalta el éxito del programa de prácticas profesionales como mecanismo para la detección de talento y de gente que encaje en la empresa. Y es que, cualquiera no puede trabajar en SCPF o en Pixar, como cualquiera no debería trabajar en el Real Madrid. Alguien como Mourinho nunca hubiera sido entrenador en el Madrid de Bernabéu y Saporta.

Los valores no son un pensamiento, son una creencia.

La importancia de los valores en la remontada

Una remontada comienza con una buena base sustentada en valores porque:

1. *Los valores son la piedra angular sobre la que asentamos nuestra forma de actuar y, en consecuencia, de todas las propuestas de este libro.* No en vano modelan a diario desde tu comportamiento a tu forma de enjuiciar la realidad. Por ello han de ser firmes, vigorosos y estar profundamente enraizados en tu pensamiento y en tu conducta diaria.

2. *Son tu brújula.* Nunca hay que perderlos de vista porque son la esencia de tu vida personal y profesional y te orientarán en las innumerables tomas de decisiones que has de acometer. No son solo el fundamento, los cimientos sobre los que habrás de vislumbrar la trayectoria de tu existencia, sino que también son tu **brújula**. La sinceridad, el compañerismo, la humildad, el respeto, la honestidad, la responsabilidad, la superación te van a guiar para conducirte por la incertidumbre de las decisiones. El respeto a tus valores te llevará por el rumbo adecuado y la vuelta a los mismos te reconducirá cuando te hayas desviado de tus propósitos. En caso de duda, los valores te darán la respuesta. Es decir, a veces actúan de forma automática, mientras que en otras ocasiones su aparición será fruto de la reflexión y el análi-

sis. Asume tus errores y aprende a analizarlos. Hablábamos en el primer capítulo de la pasión como punto de partida, de la visión de la que parten todas las vocaciones, aunque en ocasiones sea sin saber muy bien en qué y cómo se va a concretar. Pues esa concreción necesitará de multitud de decisiones en las que los valores serán determinantes.

El elegante sir George Henry Martin soñaba con ser el nuevo Rajmáni-nov mientras cursaba sus estudios de piano y oboe. Después de trabajar para el departamento de música clásica de la BBC, seguía con la intención de ser un compositor de música culta cuando entró a trabajar en la discográfica EMI. Recientemente fallecido, su trayectoria musical le convirtió en el, probablemente, productor de música popular más conocido del planeta: fue descubridor y forjador de los Beatles y también produjo a Stevie Wonder, Michael Jackson, Elton John y Jeff Beck.

3. *Dan sentido a tu vida.* Y, por ende, a tu trayectoria profesional que tantas horas te ocupa. Y no puedes disociarlas. Está en tus manos, mejor dicho, en tu cabeza que la satisfacción en el trabajo se vincule con tus valores vitales. Este efecto es transparente en todas las profesiones vocacionales y entre ellas las de servicio a los demás. El cuento del albañil frustrado por su tarea simple de apilar ladrillos frente al que ante la misma situación declara entusiasmado que está levantando el hospital del pueblo (o que construye catedrales, según otra versión) es un inspirado ejemplo de una actitud que cambia una forma de vivir. Y ya te he hablado de mi hermana que en absoluto se considera una camarera del aire, sino una persona responsabilizada con que todos los pasajeros disfruten de un vuelo agradable y, sobre todo, sientan la seguridad de volar en su compañía (me refiero a la seguridad de volar en la compañía aérea, no en la de mi hermana).

4. *Son tu sello.* Uno de los mejores entrenadores de la historia de la NBA, George Karl, con quien tuve la fortuna de coincidir en el Real Madrid, siempre comentaba que los equipos se hacen y son grandes no por jugar bien sino por cómo juegan. Aplicado al individuo, tu forma de reaccionar ante los problemas, tu inquietud por aprender, tu relación con quienes cooperas, en definitiva, los valores que apliques en tu día a día serán lo que los demás apreciarán en ti. Serán tu sello personal. Una segunda piel invisible, pero manifiesta.

5. *Los valores te protegerán.* Ejercerán de protección ante las amenazas exteriores. Las rutinas acomodaticias, las modas, las tendencias sociales hacia la uniformidad son algunos de los peligros que amenazan nuestro comportamiento. Frente a ellos hay que contraponer los valores.

6. *Revestirán tu figura de ejemplaridad.* Conviértete en alguien que trasciende. Conecta tu persona a esa ejemplaridad de la que tan necesitados están los grupos de trabajo y la sociedad en general. La ejemplaridad es la mayor fuerza de los líderes, pero también de cohesión de los equipos de alto rendimiento y, en general, de cualquier grupo humano. Una trayectoria basada en los valores te revestirá de un halo de ejemplaridad que reforzará tu imagen y el respeto de los que te rodean, al tiempo que te convertirás en un modelo para quienes conviven a tu alrededor.

La relevancia de la ejemplaridad se pone de manifiesto en todos los órdenes sociales, desde el político, en el que los casos de corrupción están provocando una profunda revisión de nuestro sistema, hasta en el profesional, en el que referentes de gran éxito se convierten en modelos a imitar. Es el caso del auge de los cocineros españoles que tras los pasos del pionero **Juan Mari Arzak** y del revolucionario **Ferran Adrià** han convertido a España en la primera potencia mundial en restauración. En deporte, tras conseguir su segundo título de campeona del mundo, **Carolina Marín** declaraba emocionada: «Nadal siempre ha sido mi ejemplo a seguir». Es tal la fuerza contagiosa y multiplicadora de la ejemplaridad, que en estos momentos Nadal podría aprender muchas cosas de la campeona de bádminton. En definitiva, la ejemplaridad trasciende.

> **Si no eres ejemplar, no obtendrás el reconocimiento de los que te rodean.**

7. *Activan tu motivación de forma automática.* Precisamente por dar sentido a tu vida, en cuanto los valores entran en juego estás activando una de las energías de las que hemos hablado y que son más importantes: el sentimiento de que estás haciendo lo correcto.

Pero, además, cada vez que se activan de forma semiautomática cualquiera de los valores sólidamente arraigados como la constancia, el afán de mejora, la generosidad, la lealtad o la ejemplaridad comienzas a sentir que estás en el camino correcto de la remontada. Es decir, una importante generación y alimentación de autoconfianza que no cesa, que te permitirá caminar por tus quehaceres con altas dosis de seguridad.

Imita a los campeones y entrena para mejorar tus valores. Mejorarás tu rendimiento y sobre todo tu satisfacción personal. CULTÍVALOS, PORQUE DE SU COSECHA DEPENDE TU FUTURO.

En su lecho de muerte, tras sufrir una apoplejía y ciego, consciente de que su final se acercaba, el músico Johann Sebastian Bach pidió a su yerno, Johann Atnikol, que tocara el coral que había previsto para su funeral (*Cuando estamos sumidos en la mayor de las aflicciones*) adaptándolo a otro cuyo texto le parecía mucho más apropiado: *Ante tu trono hoy comparezco.* Al escucharlo se dio cuenta de que la composición ganaría con mejoras en detalles de contrapunto, ritmo y melodía. Devoto luterano, Johann Sebastian dedicó los últimos compases de su vida a dictar a Anitkol los cambios que consideró oportunos para presentarse ante su Creador de la forma más digna posible, legándonos al tiempo otro reflejo sublime de una sabiduría musical y contrapuntística sin parangón. Un conmovedor ejemplo de una voluntad inagotable y de una vida dedicada a la búsqueda de la perfección musical.

IV
ENERGÍAS RENOVABLES:
SIENTE TU TALENTO

Nada hacía presagiar que poco tiempo después de su llegada a España Wayne Brabender Cole se fuera a convertir en uno de los jugadores más relevantes del baloncesto español. Nacido en Montevideo, una pequeña localidad del estado de Minnesota, Wayne fue educado en la austeridad y sacrificios propios del trabajo de la granja familiar donde aprendió a jugar con sus hermanos mayores en una canasta adosada a la pared del establo.

Alentado por los Warriors de Phildelphia, que habían detectado en él un jugador interesante drafteado muy por debajo de su nivel, Brabender llegó a Madrid con la idea de adquirir experiencia. Sin embargo, los primeros meses en la capital española fueron muy duros. Criticado por la prensa que esperaba un jugador más alto y anotador, e inadaptado a la vida de un país que nada tenía que ver con el suyo, el regreso pasó en más de una ocasión por su cabeza.

Pero de forma paulatina se hizo un hueco en el equipo realizando las tareas de intendencia que no eran del gusto de la mayoría. En una época en la que las labores defensivas no eran muy apreciadas se dedicó a perseguir a los mejores atacantes de los equipos contrarios. Mientras la constancia en la práctica le fue convirtiendo en un gran tirador hasta transformarse en uno de los jugadores más completos de los años 70.

En cierta ocasión, coincidiendo con mi primera gira con el equipo nacional, Wayne se apuntó a una sesión voluntaria destinada a los más jóvenes, a los que teníamos que hacer méritos en el escalafón. Cuando le pregunté por qué venía, me dijo: «No tengo una buena sensación cuando el balón sale de mis dedos». En los días siguientes, repitió en los entrenamientos opcionales hasta que, por fin, después de uno de los ejercicios me sonrió y me dijo: «Ya está todo en su sitio».

Elegido el mejor jugador del Eurobasket 73 y convertido en el máximo anotador del Mundial de Puerto Rico de 1974, Wayne fue pieza clave en el despegue de nuestro baloncesto y es un clásico del baloncesto europeo de todos los tiempos. Pero por encima de todo fue un ejemplo permanente para sus compañeros en todos los ámbitos profesionales: humilde, trabajador y siempre subordinado al equipo a pesar de su extraordinaria calidad. Sin duda, ha sido el jugador que más ha influido en mi carrera. Él me enseñó que al baloncesto hay que dedicarle la vida.

Todos los equipos y las personas que han remontado muchas veces poseen una característica especial: tienen muchos recursos. La cuestión es obvia y no necesita de mayor explicación. Cuantas más destrezas seas capaz de dominar, mayores posibilidades de remontadas y mayores opciones de maniobrabilidad tendrás ante las situaciones complicadas. Ahora bien, ¿cómo lograrlas? Vamos, vamos, no te detengas.

La energía de hacer bien las cosas

Una de nuestras principales fuentes de energía está en algo tan sencillo como el sentimiento de que estamos haciendo las cosas como se deben hacer, que las estamos haciendo bien. Es una corriente interior que nos impulsa para que sigamos en la misma dirección. Y cuanto más difícil o más exclusivo es el asunto que nos ocupa mayor es su fuerza. Para sentirla no es necesario que estemos llevando a cabo tareas de gran relevancia. De hecho, esta sensación es innata en los seres humanos y la buscamos desde nuestra infancia. La resolución de los pequeños problemas y rompecabezas que nos proponen antes ni siquiera de que empecemos a hablar nos proporcionan algunas de nuestras primeras satisfacciones. La misma satisfacción que sentimos al resolver cuestiones que no tienen ninguna trascendencia cuando ya somos adultos, como por ejemplo cuando completamos cualquiera de los pasatiempos o sudokus a los que millones de personas dedican parte de su tiempo libre. Esta razón, la satisfacción por nuestro talento o pericia es la que explica el éxito de estos juegos.

Es tan grande nuestra conexión con el perfeccionismo que no solo experimentamos placer en primera persona, sino que también observando a expertos, malabaristas, artistas y deportistas no podemos impedir que surja nuestra admiración, incluso en algunos casos con cierta envidia.

Hasta para personas como yo, que hemos alcanzado un alto nivel de destreza en una actividad determinada —perdón por la inmodestia, pero uno a estas alturas necesita un poquito de cariño aunque sea el propio—, no dejamos de contemplar embobados cómo algunos congéneres son capaces de desarrollar tal habilidad.

Un partido en pleno verano en el antiguo pabellón de Ciudad Jardín de Málaga a mediados de los años 80 era un suplicio para los directores de juego. Entonces ni siquiera imaginábamos el aire acondicionado en las canchas españolas, por lo que entre la humedad del ambiente y el sudor que nos caía brazos abajo a cataratas el balón era más difícil de agarrar que un palo ensebado de las fiestas de los pueblos. Sin embargo, allí estaba Petrovic en su Cibona de Zagreb haciendo malabares cuando se me acercó mi compañero Corbalán y me comentó: «A nosotros nos va justo para botar y este tío parece que ni suda». ¡Qué bueno era Drazen!

El sentimiento del propio talento es una fuente de energía de primordial importancia, ya que cada día dedicamos mucho tiempo a multitud de tareas que, por su monotonía, pueden ser un freno para que fluya la motivación. Pero si, como Wayne Brabender, buscamos la sensación de hacer las cosas de la mejor manera posible, la aportación de esta fuerza motriz apenas decaerá. Claro que, estarás pensando, esto es más fácil cuando en lo que estamos implicados nos atrae de manera especial. Vamos a bucear un poco en el asunto.

¿Por qué nos gustan las aficiones?

Ya lo explicaba en fechas recientes el baloncestista Sergio Rodríguez cuando le preguntaban si no acusaba el peso de los partidos: «El cansancio de una temporada tan larga no me influye demasiado porque para mí el baloncesto es una afición». Las aficiones nos gustan porque nos producen placer que, al fin y al cabo, es lo que todos los seres de este mundo buscamos y no solo la especie humana.

Un reciente experimento encabezado por el veterinario japonés Takefumi Kikusui con perros y sus dueños ha demostrado que las caricias mutuas y las miradas activan la producción de oxitocina, la hormona del amor y, además, como un bucle constante: cuanta mayor cantidad segregan, más se buscan mutuamente para seguirla segregando.

Cualquiera que sea nuestra afición el mero contacto con ella nos satisface. Es el caso de las aficiones que ni siquiera requieren una actividad, sino solo la atención y la identificación con lo contemplado. Basta con prestar tu voluntad de forma atenta para que nos complazcan: escuchar música o la asistencia a los espectáculos teatrales, cinematográficos o deportivos. No en vano, a los seguidores de un equipo se les llama «la afición». Pero lo mismo ocurre con las aficiones de actividad, algunas de las cuales tienen como objeto algo tangible y concluyen en una realización material como la cocina, la pintura, el bricolaje o el coleccionismo, mientras que otras, como el deporte o pasear por el monte, ni siquiera eso, ya que «solo» nos traen beneficios físicos, emocionales o psicológicos.

Las aficiones y las vocaciones

Lo mismo podíamos decir de las vocaciones. En realidad, la vocación es una afición con trascendencia, bien de carácter artístico, bien profesional o religioso. Se atribuye a Confucio aquello de que «encuentra un trabajo que te guste y no trabajarás en toda tu vida». El sabio oriental, que para algo lo era, pareció darnos la solución al poner en el mismo plano la vocación y la afición.

Sin embargo, y que me perdonen los chinos, el aforismo de su pensador favorito consta de una recomendación tan certera como de una consecuencia tan falsa. Es cierto que la actividad de las vocaciones son en esencia aficiones, pero eso no quiere decir que todo sea placentero. También las aficiones requieren esfuerzos y sacrificios. Esto es lo que se le escapó a Confucio, porque por mucho que te guste lo que hagas hay que bajar al barro, arremangarse o ponerse el mono de trabajo muchas veces todos los días (espero que este comentario no frene mi expansión en el mercado chino).

En consecuencia, por mucho que te guste lo que hagas en tu vida has de ser consciente de que todos los días tendrás que remontar momentos de dificultad. Me considero una persona afortunada porque he sido profesional del baloncesto, un deporte que concita la atención de innumerables aficionados en el mundo y me ha permitido conocer a multitud de amigos y educarme como persona. Además, me han pagado por hacer lo que millones de personas hacen en el mundo por gusto. ¿Qué más puedo pedir?

Aun así, si echo la vista atrás encuentro momentos de sufrimiento físico, de dolores en los tendones y articulaciones, de estrés, de repeticiones que parecían que no se iban a terminar nunca para interiorizar movimientos y de entrenadores insoportables. Lo que hoy se llama «jefe tóxico» y que nosotros despachábamos con «este tío es un cabrón».

La vocación sin esfuerzo solo es imaginación. No desarrollarás tu vocación si no trabajas lo suficiente. Pero no te agobies, no es tan costoso como parece.

Si meditas un poco también repararás en que incluso en las aficiones ocurre algo parecido. La fase de aprendizaje nos obliga a empezar de cero con ejercicios muy básicos que, sin embargo, afrontamos con interés. Cuando empezamos a tocar las primeras piezas con el piano o la guitarra; a deslizarnos en la nieve; a escribir nuestras primeras redacciones; a cocinar nuestras primeras recetas o a tirar nuestras primeras canastas, ya estamos experimentando esa sensación de hacer las cosas bien. A pesar de que, salvo que seas un Mozart de la vida, solo hayas hecho una ensaladilla rusa que parezca un engrudo, hayas bajado por una pista verde haciendo la cuña más básica o Bach se remueva en la tumba al sentarte al piano para atentar contra el *Pequeño libro de Anna Magdalena*.

Pero si los momentos duros, monótonos, aburridos, casi insoportables de tus aficiones los superas sin problemas, ¿por qué no te ocurre lo mismo en otras situaciones? ¿Te gustaría afrontarlas de otra forma? Seguro que sí, ¿verdad?

> **Busca el espíritu de las aficiones en tu día a día y verás cómo todo resulta más fácil.**

¿Por qué la búsqueda te proporcionará energía?

Aunque todos aspiramos a que nuestras actividades tengan un gran contenido vocacional, no siempre va a ser posible. No permitas que esta circunstancia te frene, ya que también podrás extraer mucha energía de la trayectoria que cumplas hasta conseguir lo que quieres. He aquí las razones que te lo explican y los pasos que has de dar mientras tanto.

1. *La propia búsqueda es una remontada.* Si lo que estás buscando es reproducir en el día a día el espíritu de las remontadas, aquí tienes una manera de hacerlo: la búsqueda del talento propio es una remontada a largo plazo, un viaje si lo prefieres. A los seres humanos nos gustan los viajes, por eso en la mayoría de las culturas hay mitos de travesías y periplos, que son el hilo conductor de grandes clásicos de la literatura universal, desde *La Odisea* a *El Quijote*, y de la literatura de evasión, como *El señor de los anillos.*

   La búsqueda será para ti un viaje y, en consecuencia, un reto constante. La mejora de tu talento te llamará de forma instintiva a seguir mejorando. Y piensa esto: mucho más que el presente, el futuro está pasando hoy por tus manos. Es más, solo el dominio de tus habilidades y capacidades y el desarrollo de tu talento te abrirán la puerta de otra energía: la creatividad.

2. *Márcate pequeños retos todos los días.* Las metas serán el combustible para el viaje y la gasolina para la búsqueda de las aficiones de tu vida. Para los grandes deportistas cada ejercicio diario es un pequeño reto. Es una de las formas de soportar las extenuantes sesiones de entrenamiento.

   Y, sobre todo, disfruta de cada pequeña victoria diaria, celébrala y prémiate de alguna manera: compártela, escucha una de tus canciones favoritas o haz planes para cuando termines la jornada o para el fin de semana. Y no te cortes, todos los días haces muchas cosas bien, así que no las dejes pasar de largo.

Una costumbre que aprendí de mis mayores en el Real Madrid y en la Selección Española y que exporté a todos los equipos por los que pasé luego fue la de ir a socializar al bar o a la cafetería más cercana después de los entrenamientos y a comer o a cenar después de los partidos. Compartir, celebrar y contar la victoria, luego cada uno tenía su propia película.

3. *El viaje y los pequeños retos serán temas de tus conversaciones.* No solo nos motiva sentir la competencia de lo que hacemos sino también contarlo. El mejor ejemplo son los viajes: quién no ha tenido que aguantar con estoicismo una kilométrica exposición de fotos, vídeos y explicaciones de amigos entusiasmados con su viaje a las tumbas de la dinastía Nguyen en Vietnam o al santuario de Machu Picchu. A la mayoría nos gusta contarle a alguien lo que hacemos, invitar a nuestros amigos a comer nuestras primeras recetas o interpretarles las primeras y sencillas piezas musicales que aprendemos. Una parte importante de lo que hacemos es contarlo. Y lo que es más relevante, las conversaciones te darán información de retorno acerca de cómo estás ejecutando lo que te propones. Busca esta retroalimentación, ya que es una fuerza muy poderosa y te infundirá nuevas energías.

4. *La vocación te conduce a la competencia y viceversa, pero solo lo descubrirás con el entrenamiento diario.*

Burt Bacharach no tenía ninguna afición por la música. Hasta que fue un quinceañero, su madre le presionó para que asistiera a unas clases y ensayos que le suponían un infierno. Cansada de luchar contra la resistencia de su hijo, una noche entró en su dormitorio para liberarle de la ocupación que tanto le desagradaba. «Creo que la música no te gusta, así que ya no tendrás que acudir más a las clases.» «Por fin soy libre», pensó aliviado el adolescente Bacharach. Sin embargo, al día siguiente, algo en su interior le empujó a continuar con los estudios. Con el paso de no demasiados años el joven se convirtió en uno de los compositores de música popular más exitosos de todos los tiempos. De su versatilidad da idea el que sus canciones hayan sido interpretadas por artistas tan variopintos como The Beatles, Barbra Streisand, Tom Jones y The Stranglers. En 1969 obtuvo el Óscar a la mejor canción de una banda sonora por la nostálgica *Raindrops keep falling on my hair*, de la inolvidable *Dos hombres y un destino*. Pero Burt Bacharach está en estas líneas porque nunca podré agradecerle lo suficiente haber compuesto *I say I little prayer for you*, ni tampoco a Aretha Franklin por haberla versionado de forma sublime y entre los dos alumbrar una de las canciones de mi vida.

No es común que una actividad que provoca rechazo termine convirtiéndose en el centro de tu vida, pero sí lo es que día a día descubras nuevos caminos que desconocías o que ni siquiera transitabas. Hay ocasiones en las que la vocación se manifiesta de forma meridiana, pero en otras la vocación hay que trabajarla e incluso descubrirla: aparece de forma paulatina, a veces inesperada, con el trabajo cotidiano. Porque es el propio trabajo, y no solo una firme resolución, el que nos dirige hacia determinados ámbitos que terminan por apasionarte. Por eso, lo que te estoy proponiendo es que busques esa vocación, no que esperes a que te aparezca.

Un ferviente creyente en la vocación sobrevenida es Arturo Sanz, director de Marketing y Riesgos comerciales de Endesa. «La vida no siempre te da opciones para elegir lo que más te gusta, pero en ocasiones, de forma involuntaria o espontánea terminas desempeñando labores que con entusiasmo y entrega vas apreciando poco a poco. Paso a paso, de manera gradual, vas dirigiendo tus decisiones en ese sentido hasta que acabas encontrando tu sitio, un trabajo que te entusiasma. En resumen, el esfuerzo te abre opciones desconocidas que tu dedicación intensiva puede convertir en pasiones.»

Así que no te cierres a nuevas perspectivas porque de entrada no te atraigan demasiado, ya que es probable que descubras facetas ocultas sobre lo que haces y de tu personalidad, porque como estás leyendo, hay muchas maneras de buscar que algunas actividades terminen por ser de tu agrado.

5. *Dar cera, pulir cera: conecta lo que haces con la mejora de tus capacidades.* Pocas frases del mundo del cine han calado tanto en el lenguaje popular como la que pronunció el maestro Miyagi cuando le encargó a su pupilo Daniel que le adecentara su coche en una de sus primeras sesiones de entrenamiento de la divertida *Karate Kid.* El chico karateka aceptaba resignado las tareas domésticas con escasa convicción, pero cuando avanzó en su adiestramiento y comprendió la utilidad de estas labores en la medida que le mejoraban como luchador, dejó de rechistar por las decisiones del maestro.

Modestia aparte, he tenido una experiencia parecida. En baloncesto como en pedagogía infantil también se recomienda que en los procesos de aprendizaje se utilicen cuantos más juegos mejor. Sin embargo, he descubierto en los muchos años que llevo como entrenador de niños y jóvenes que ejercicios aparentemente tediosos por lo repetitivos no les aburren. Cuando los entrenadores me preguntan cómo lo hago para mantenerlos atentos tanto tiempo y trabajando con intensidad la respuesta es sencilla: porque les gusta hacer los mismos gestos técnicos que los mayores y no les importa repetirlos. Ya desde el principio sienten que lo están haciendo bien y que cada vez son mejores. Eso sí, te buscan constantemente en busca de la aprobación. Te lo quieren contar. Hasta que no me he puesto a escribir este libro no había reparado en que soy un Miyagi en potencia. ¡Sorpresas te da la vida!

En definitiva, conectar lo que estás haciendo con la mejora de tus capacidades te va a ayudar primero a soportar algunas labores pesadas, duras y que, en primera instancia, juzgamos inútiles. Pero en muchos casos, llegarás incluso a disfrutar de la propia actividad que al principio te parecía insoportable. ¡Cuánta gente hay que comienza yendo al gimnasio como un castigo y termina siendo vigoréxica!

Uno de los entrenamientos más duros de los atletas son las series de carrera: la repetición de una distancia con periodos cortos de recuperación en busca del límite del corredor. La mayoría de estas sesiones terminan con el deportista tumbado, exhausto, respirando de forma acelerada durante varios minutos, cuando no vomitando. Sin embargo, para el incansable Chema Martínez, uno de los mejores atletas españoles de toda la historia, que no va a parar de correr ni el día de su entierro, es uno de los entrenamientos más divertidos: «Sabes que vas a sufrir, pero cuando después de muchos entrenamientos de este tipo te has acostumbrado a esa sensación de agonía, la emoción de que con el paso de los kilómetros tus piernas aún siguen respondiendo es todavía más poderosa. Es la emoción de que puedes con el cansancio y con la distancia».

6. *Da cancha a tus aficiones: el entrenamiento también es diversión… y la diversión también es entrenamiento. Y los dos son energía.*

Martin Fourcade es uno de los mejores biatletas de la historia y el único que ha conseguido ganar la Copa del Mundo en cuatro ocasiones consecutivas. Fanático casi de cualquier deporte, es también buen amigo de Killian Jornet, el español que ostenta numerosas marcas mundiales de carrera por montaña, con quien comparte aficiones y entrenamientos. Fourcade es practicante habitual de ciclismo, carreras a pie, hockey, judo, natación y windsurf. Lejos de apartarle de su exigente preparación para la dura temporada de biatlón, los deportes citados le convierten en un atleta más completo, más coordinado y con una gran capacidad de sufrimiento. Además de liberarle la presión y de huir de la monotonía que supone practicar una única especialidad deportiva.

Igual que a un deportista de alto nivel, las aficiones relacionadas o no con la actividad profesional te pueden ayudar en el desarrollo de tus habilidades o en la ampliación de tus conocimientos. La lectura, la escritura, la representación o actuación delante de un público, la integración en un grupo con el que perseguir un fin cultural, benéfico o deportivo y, en definitiva, cualquier campo de actividad, conocimiento y relación, pueden ser mucho más que pasatiempos: también te ayudarán a tener más recursos para la remontada. Así que no dudes en practicarlos porque son una corriente de energía constante.

> **Las aficiones también son formación: te educan y te entrenan.**
> **Las aficiones también son entrenamiento y energía.**

7. *La búsqueda te ofrecerá novedades y transitarás caminos que desconocías.*

«Mireia Belmonte sueña a lo grande», contestó en 2014 el director técnico de la Federación Española de Natación, José Antonio del Castillo. En la misma conversación, su entrenador, el francés Fred Vergnoux, fue más explícito con la clave de sus éxitos: «Cuando pregunto a los nadadores cuántos quieren ser medallistas olímpicos, todos alzan la mano. Cuando les digo lo que hay que hacer para lograrlo, solo Mireia la mantiene levantada». Pero también el preparador galo ha puesto mucho de su parte. A lo largo de los años Vergnoux ha logrado que Mireia se interese por otros deportes fuera de la piscina. Ha conseguido convertirla en una apasionada del gimnasio, que esquíe y que haga multisaltos con gran facilidad. También le animó a correr y a participar en pruebas atípicas de resistencia. «Antes apenas saltaba y corría. Son pequeñas armas que vas añadiendo.» Hoy entrena con música y constantemente quiere que la sorprendan con cosas nuevas. En los últimos tiempos la obsesión del entrenador son los detalles. «El descanso es el factor más determinante del entrenamiento. La clave está en la suma de los detalles.» Por eso, recién levantada bebe un litro de agua. Y no pisa un local de comida rápida.

Los nuevos caminos siempre son retadores y los cambios son estimulantes. Explora otras alternativas para enriquecer tu objetivo principal.

V
LA CONFIANZA ES ESENCIAL
PARA REMONTAR

Hay deportistas que parecen tocados por la varita mágica del talento, como Juan Carlos Navarro y Pau Gasol, y otros que tienen que trabajar lo que los genes no les concedieron. Juan Antonio San Epifanio, Epi, era un discreto jugador juvenil cuya mejor suerte en aquellos momentos fue ser el hermano del entonces prometedor Herminio, reclutado por el FC Barcelona como una de las mejores promesas del baloncesto nacional. Juan, poseedor de una gran fortaleza física como única virtud manifiesta, viajó a la Ciudad Condal como complemento de una operación que tenía su razón de ser en el hermano mayor.

No es extraño que Epi no descollara en edades tan tempranas, porque lo mejor de su talento germinaba en su interior. Su garra le permitió ir ganando la confianza de los entrenadores para ocupar posiciones defensivas y su constancia le regaló un tiro que con el tiempo se convirtió en mortífero. Pero aún más, lo que le distinguió en su carrera de jugador y le condujo a ser reconocido por la Federación Internacional como el mejor jugador europeo de los años 80, fue su ilimitada seguridad en sí mismo. Al cumplir la veintena Epi se convirtió en el tirador que nunca dudaba y al que todos los compañeros buscaban en instantes decisivos tanto en el Barça como en la Selección. Natural de Zaragoza, este jugador humilde y constante elevó a la cima del baloncesto el arquetipo del maño cabezón, pues se le metió entre ceja y ceja llegar a ser el mejor y bien que lo hizo.

Desde que nos reunimos por primera vez en la selección júnior coincidimos en muchos enfoques del baloncesto y del trabajo diario, por lo que conectamos enseguida, al tiempo que surgía en mí una admiración por su condición profesional y humana. Pocos años más tarde me sorprendió con el regalo de un consejo inesperado tras una final de copa en la que nos derrotó el Barcelona. Me acerqué a saludarle con esa sensación amarga de la derrota que te carcome durante un tiempo, pero que la educación te obliga a aparcar. Además, siempre era un placer saludar a un amigo aunque te hubiera vencido. Después de las frases de rigor, me preguntó qué tal estaba. «Me encuentro inseguro jugando porque me da la impresión de que el entrenador no confía en mí», le conté a modo de desahogo después de una actuación un tanto dubitativa —siendo generoso— por mi parte. «Pues si el entrenador no te da confianza, dátela tú», me respondió. El fogonazo de la frase en mi cerebro se mantiene hoy tan deslumbrante como aquel día.

En una de sus visitas a España, el entrenador Chuck Daly de los Detroit Pistons, equipo que logró dos anillos de la NBA de forma consecutiva a finales de los años 80, respondió de esta manera a la pregunta de un preparador español interesado en saber cómo preparaba los partidos: «En el entrenamiento previo a un encuentro de play-off vino mi asistente a preguntarme: "Coach, ¿cómo defenderemos a Michael [Jordan]?" "Espera un poco" le contesté. Y llamé al capitán del equipo que estaba lanzando a canasta: "Isiah [Thomas], ven un momento, por favor. ¿Cómo crees que debemos defender a Michael?" E Isiah dio su opinión: "Dos contra uno en los bloqueos, empujarle para que no reciba, etcétera". A lo que respondí: "Opino lo mismo que tú. Así pensaba defenderlo yo. Gracias". Esta es la

LA CONFIANZA ES ESENCIAL PARA REMONTAR

forma en la que yo preparo los partidos, concluyó Daly, compartiendo decisiones y dando toda la confianza posible a los jugadores».

Sin confianza no hay remontada

Si eres aficionado al deporte, seguro que has oído declarar a muchos jugadores que se encuentran en racha, que están con confianza y que tienen la confianza del entrenador. Por el contrario, y como me refería a mí mismo en las líneas previas, cuando llevamos un tiempo «quedando como Cagancho en Almagro», la falta de confianza suele andar de por medio.

¿De verdad es tan importante la confianza? No lo dudes. Sin ella no alcanzarás tu máximo rendimiento y sin este no habrá remontadas con mayúsculas. Para lograrlas requieres tomas de decisiones, ejecuciones correctas y mantener el nivel de motivación. ¿Se puede hacer eso sin confianza en tus fuerzas y tus opciones? Seguro que no. Por eso, la confianza en las posibilidades propias aparece como una de las características comunes en todos los estudios que se llevan a cabo entre los grandes deportistas.

Los beneficios de la confianza

El primero, por definición, es la seguridad que te otorga en lo que estás haciendo. Las dudas son malas consejeras, en especial cuando hay que decidir rápido, como en el deporte, pero también en otras muchas facetas de la vida. La confianza aleja la duda, pero sobre todo afianza el atrevimiento. Y para remontar hay que atreverse. En segundo lugar, porque con la confianza estás ganando espacios de libertad y abriendo la puerta de la creatividad. En tercer lugar, los espacios de libertad te llevarán a desarrollar todo tu potencial lo que contribuirá de forma fundamental al mantenimiento de tu energía diaria.

La confianza te permitirá el atrevimiento.

El 13 de junio de 1956 se jugó la primera final de la Copa de Europa de fútbol en el Parque de los Príncipes de París. Cuando la situación comenzaba a ser desesperada para el Real Madrid, ya que se acercaba el final del encuentro y no encontraban la forma de enjugar la diferencia con el Stade de Reims, un suceso inesperado cambió el rumbo del partido. De repente, como poseído por una fuerza desconocida, Marquitos, un defensa de raza que estuvo presente en las primeras cinco copas de Europa que consiguió el equipo blanco, se apropió del balón en el medio campo y empezó a sortear contrarios ante los gritos desesperados de sus compañeros que le pedían que se lo pasase ante el temor de que se les esfumase otra oportunidad. Ajeno a todo, Marquitos siguió hacia la portería contraria y ante el estupor de los madridistas, solo comparable a su alegría, logró empatar el partido. Ni Di Stéfano, ni Puskas ni Gento. De no ser por el atrevimiento de Marquitos la historia del Real Madrid y del fútbol europeo hubiera sido diferente.

Algo muy similar he vivido en los banquillos de baloncesto en numerosas ocasiones cuando un jugador decide romper el guion y tomar el camino del riesgo, ajeno a los gestos y gritos de un entrenador encolerizado (¡NOOO!), que segundos después está felicitando y aplaudiendo la jugada (¡BIEN HECHO, FULANITO!).

Esta es la trascendencia de tener la seguridad en lo que estamos haciendo. No está mal analizar y poner los asuntos en cuestión. Pero no te pases la vida dudando, porque la duda frena la energía, es la calma chicha en tu energía renovable. La confianza te dará tranquilidad en las decisiones y rapidez en las ejecuciones.

Más allá de la seguridad y la rapidez, como en el gol de Marquitos, la confianza es la puerta del atrevimiento, un acelerador de tu determinación que te conduce a más velocidad de la que circula el resto. Esta es la importancia del atrevimiento. Cambiar el rumbo, romper la norma, hacer lo que nadie esperaba, incluso lo que tú no esperabas. Seguro que admiras a la gente que tiene una voluntad decidida. Por cierto, seguro que has dicho alguna vez a quienes te rodean o a ti mismo: «Salió bien, pero ¡no sé cómo me atreví a hacerlo!» O también: «¡No sé si sería capaz de repetirlo!» Con toda probabilidad, en estas ocasiones, además de recibir las felicitaciones de los que te rodean, te sentiste especialmente orgulloso de ti mismo. Incluso aunque no te saliera bien, el hecho de haberte atrevido ya te satisfizo.

> «¡ATRÉVETE! Atreverse es perder el equilibrio momentáneamente. No atreverse es perderse a uno mismo.»

¿A que es buena la frase? Claro, no es mía, es de Soren Kierkegaard. Pero ¿qué hay en ella para que sea tan buena? —y esto lo respondo yo—: Pues que la confianza, y con ella el atrevimiento, te regalarán espacios de libertad.

La confianza te genera espacios de libertad. No solo la confianza en tus fuerzas te dará seguridad en tus decisiones, sino que te abrirá la puerta a multitud de alternativas. Un jugador condenado a seguir las instrucciones rígidas del entrenador comienza por aburrirse y termina por detestar lo que hace, pero si el deportista se encasilla a sí mismo, además de amargarse, está cortando otras dos vías de energía: el progreso y la imaginación. En resumen, está abortando la remontada. Y lo mismo ocurre en cualquier otro ámbito de la vida. ¡No te encasilles a ti mismo!

A todos nos gusta alumbrar nuevos proyectos, poner en práctica ideas arriesgadas, en definitiva, dar un golpe de timón. De eso van las remontadas. Pero mal vas a remontar si no eres capaz de tener la libertad de maniobrar para realimentar la remontada con tus decisiones diarias.

En definitiva, ya no se trata solo de terminar o avanzar en tu plan, propósito o proyecto. Se trata de ti. Se trata de tu forma de vivir. La confianza no solo te abrirá nuevas opciones para remontar. Te abrirá nuevas opciones para la vida.

El gran golfista español Miguel Ángel Jiménez, en una ocasión en la que tuve la fortuna de jugar con él para un torneo benéfico, me confesó que desde que era niño había vivido con un palo de golf en la mano. Al cabo de las temporadas, ha seguido manteniendo un altísimo nivel competitivo gracias entre otras cosas a sus muchas horas de práctica, a las que ha añadido incluso el gimnasio, para convertirse en el ganador más longevo de un torneo del Circuito Europeo. Tras liderar el Abierto Británico a punto de cumplir los 50 años declaró: «Soy feliz. Me encanta lo que hago. ¿No tengo derecho a ser líder con 49 años? ¿Solo la gente joven puede?»

Y si yo estuviera en su lugar, sin duda haría lo mismo, porque ¿quién puede renunciar al elixir de la eterna juventud? Este elixir es un gran espacio de libertad para Jiménez. Pero todos tenemos espacios que conquistar o, mejor dicho, espacios que están esperando a que les conquistemos. Y no me estoy refiriendo solo a grandes espacios, sino al acontecer cotidiano. No podemos vivir esperando cumplir nuestros deseos, pero sin margen para desarrollar nuestra imaginación. Nuestros proyectos, sean del tipo que sean, no pueden condenarnos a vivir encorsetados. Nuestra especie nunca lo ha hecho y no se puede ir contra tu propia esencia.

> De los muchos homínidos que salieron de África, únicamente nuestros ancestros *Homo sapiens* colonizaron lugares que se alcanzaban cruzando enormes distancias marinas (Oceanía, por ejemplo). La exploración constituye una de las características esenciales de nuestra especie. Es lo que explica que para nosotros sea tan importante la posibilidad de elegir nuestro propio camino con independencia y libertad.

Así que cuando estábamos solo un poco menos *asilvestrados* que ahora, ya soñábamos con cruzar el mundo y con un paraíso lleno de bananas, mientras nuestros parientes homínidos no veían más allá del antílope y de las bayas que se llevaban al buche. Esta y no otra es la razón de que estemos aquí.

Por eso, cada decisión autónoma y libre es un paso que nos satisface en tanto en cuanto estamos cumpliendo una de las búsquedas más inherentes a nuestra condición: la libertad. Estamos de nuevo en los asuntos, mayores o menores, que dan sentido a nuestra existencia y hace que nos sintamos realizados. Y por ellos luchamos, existimos. Está bien porque yo lo hago, pero sobre todo porque yo lo decido.

> **Lo adecuado o no de la opción que eliges está en tu albedrío. No importa lo absurdo que le parezca al resto de la humanidad. Lo importante es que es tu elección.**

Ya nos lo decía mi abuelo, un incansable personaje que cavó, plantó y recolectó la tierra hasta pasados los 90 años y al que con 88 le teníamos que bajar de los árboles a los que se encaramaba para podarlos. Cuando en verano nos veía correr y correr, entrenar y sudar como pollos nos miraba con cierta sorna y nos decía en el peculiar uso del modo potencial en el castellano del Norte: «Si os lo mandarían hacer, no lo haríais».

De la misma forma, los entrenamientos a los que se someten los deportistas aficionados para cumplir esos extenuantes retos deportivos, como el Maratón de las Arenas o los Iron Man, serían considerados modernas formas de esclavitud si fueran impuestos. Pero ellos deciden cada día hacerlo y de esta forma reafirmar su voluntad de conseguirlo. En el momento en que tú lo decides te estás comprometiendo con ello. Ya no solo estás haciendo algo bien, sino que estás haciendo lo que tú deseas. Lo que puede parecer un esfuerzo absurdo o desmedido a otras personas pasa a ser el centro de tu vida, solo porque es tu decisión.

De este modo, con tus determinaciones estarás surtiendo tu motivación de pequeñas pero imprescindibles dosis de energía muchas veces cada día. Cuantas más cosas seas capaz de decidir por ti mismo más energía sentirás.

Y así, podrás añadir otra fuente diferente de emoción a las muchas que se retroalimentan y que cada día puedes poner a funcionar: la energía del peldaño más alto de tu talento, la energía de la creatividad.

La emoción de desarrollar todo tu potencial.

Juan Carlos Navarro es uno de los deportistas con más talento que ha dado el deporte español. Con un físico frágil, muy lejos de los biotipos que hoy se estilan en el baloncesto, Juan Carlos ha marcado una época por su capacidad de improvisación, su inteligencia y su carácter competitivo. Su trascendencia llega a la de unos pocos elegidos que son capaces de crear un gesto técnico que se incorpora al acerbo del deporte con su nombre. La Bomba pasó de ser su alias a designar el tiro bombeado con una pierna a una mano que popularizó este escolta del FC Barcelona. Aunque dotado de una enorme cantidad de recursos, cuando Navarro se ha mostrado letal en su carrera y construido su leyenda ha sido en aquellas ocasiones en las que ha ido más allá de sí mismo, envuelto en una especie de trance en el que era capaz de alumbrar canastas nunca vistas. Como en el Eurobasket de 2011, en el que fue designado mejor jugador por sus tiros a una pierna y de costado… desde la línea de tres puntos.

Aunque hice mis pinitos, nunca tuve la calidad de Juan Carlos. Sin embargo, sí disfruté en muchas ocasiones de la emoción de estar «iluminado» y poder con todo lo que se me ponía por delante. Seguro que tú también has tenido algún día en el que has pensado: «Es que hoy me sale todo. Estoy en racha». Pues de esto es de lo que estamos hablando. En el capítulo anterior hablábamos de la energía de hacer las cosas bien. Ahora vamos un paso más adelante: la emoción que te lleva a hacer las cosa lo mejor que sabes, incluso a hacer cosas que no habías hecho nunca.

> La emoción que te empuja cuando estás alcanzando tu mejor nivel es la que te impulsa más allá de tus límites. De repente estás haciendo algo que no habías hecho antes: estás creando.

Todas las remontadas, del nivel que sean, conectan en esencia con las grandes gestas, por eso son tan atractivas. Para emocionarnos no hace falta irse a un gran acontecimiento deportivo o al logro de objetivos mediáticos trascendentes. También lo conseguimos con el giro brusco del desenlace de una película del montón o de la pachanga que jugamos con nuestros amigos. Incluso cuando jugamos a las cartas, al parchís (si es que todavía se juega al parchís), y habré de decir a la consola para presumir de joven, las reacciones de quien va perdiendo y logra al final imponerse o, al menos, ganar mucho terreno, son celebradas e incrementan la emoción de la mesa y del sillón.

Este tipo de satisfacción es el mismo que sienten todos los deportistas aficionados que se plantean un reto de larga duración. No importa que corran un maratón en cinco o seis horas, lo que les importa es que han dado lo mejor de sí. Incluso, en este caso, aunque en ocasiones no consigamos el objetivo que nos proponíamos, obtendremos la satisfacción de haberlo hecho lo mejor posible que hasta el refranero suscribe: quien hace lo que puede no está obligado a más.

En resumen, el atrevimiento, los espacios de libertad y la emoción de sacar lo mejor de nosotros mismos se basan en la confianza. Sin confianza no hay creatividad. Sin confianza no hay paraíso.

¿Cómo hacemos los deportistas para que brote la confianza y mantenerla?

El termómetro de la confianza marca de manera tan directa el estado de forma que los deportistas la vamos buscando de forma constante y a través de muy diferentes mecanismos. Ya queramos conservarla o restaurarla estos son los métodos que utilizamos para intentar que no se nos escape.

1. *El entrenamiento, la base de la confianza.* El gran talento croata Drazen Petrovic, uno de los mejores jugadores que ha dado Europa, repetía todas las mañanas durante varias horas su extenso repertorio de movimientos. Incansable y metódico, refrescaba sus conocimientos y los automatizaba hasta tenerlos tan interiorizados como su forma de caminar. Solo trataba de tener a punto sus recursos para utilizarlos en cualquier situación, por muy urgente que fuese. No he conocido ningún jugador que fuera capaz de dominar los finales de partido con tal aplomo, consciente de que en los minutos decisivos era infalible en el tiro libre. Era tal su confianza que, a veces, desde la línea del tiro libre miraba o gesticulaba desafiante al público rival lanzándoles un mensaje retador: «Me da lo mismo que chilléis, yo los voy a meter igual». Cuando se lo comentábamos al final del partido, se reía con su expresión aniñada y pícara, ya perdida su fiereza, como una criatura inocente. Daba la impresión de decir, «qué le voy hacer si yo soy así». Entonces, parecía que era incapaz de romper un plato.

Gabriel García Márquez era un veinteañero cuando se dirigió a la redacción de *El Universal* de Cartagena para solicitar trabajo y el director le pidió que redactara una noticia. Después de leerla, este la tachó entera y se la devolvió reescrita. La segunda que escribió corrió igual suerte. Durante días, el aprendiz de periodista examinó el por qué de los cambios y cómo los había escrito hasta comprender su raíz. Poco a poco, las correcciones fueron disminuyendo, hasta que al cabo de los meses consiguió terminar la primera noticia sin enmienda. No es de extrañar que años después el premio Nobel declarara que «el periodismo se aprende haciéndolo, a base de cocotazos».

Si ni siquiera los más capacitados pueden cumplir sus cometidos sin la práctica constante, imagínate lo que nos espera al resto de los mortales. No te voy a engañar, es así: de nada sirven los proyectos sin el trabajo. Recuerda que la vocación necesita energía que la mueva y que la desarrolle para que no quede solo en ilusión.

Pero la dedicación al entrenamiento no nos permite únicamente avanzar en los proyectos y, como decíamos en el capítulo previo, el disfrute de nuestro propio talento. El dominio, el virtuosismo, la habilidad —llámalo como quieras—, y la experiencia te aportarán seguridad, confianza. Por tanto, trabajarás con mayor eficacia y rapidez. En resumen, cuanto más estudies, practiques, investigues y cuanto más conocimiento tengas, mayor confianza tendrás.

Y lo mismo que los deportistas, también quienes tienen entre sus manos labores que requieran el dominio de cualquier técnica, desde la artesanal hasta la informática pasando por la quirúrgica, las ingenierías, las letras y las bellas artes. Las grandes obras de los genios llegan cuando son maestros de la técnica después de haber asumido una disciplina exhaustiva.

En un excelente documental de televisión en el que Paco de Lucía repasaba su vida, un amigo contaba cómo ya de niño tocaba la guitarra ocho horas diarias. Años después, cuando ya había alcanzado el grado de virtuosismo que le convirtió en un guitarrista revolucionario estuvo más de un mes tocando hasta trece horas al día para su interpretación del Concierto de Aranjuez.

2. *La experiencia, el conocimiento de la realidad.* El comportamiento humano es tan complejo y los entornos tan cambiantes que es imposible encerrarlos en la teoría. El conocimiento

necesita a la experiencia porque la verdad de la vida no está en los entrenamientos sino en los partidos.

Así que, la experiencia pone a la técnica en contacto con la realidad. Es otro tipo de conocimiento imprescindible: el de las circunstancias, las emociones, las reacciones, etc., que podrían modificar tus cualidades, para bien o para mal.

No te infravalores o te apures demasiado si en algún momento te enfrentas a situaciones inéditas, ya que todo el mundo tiene que afrontar tesituras de este tipo. Perder confianza solo agravará tu situación y, en cualquier caso, abre bien los ojos para aprender. Incluso personas con mucha experiencia han de pasar por el trance de enfrentarse a situaciones nuevas.

Magic Johnson volvió a la NBA en 1996 después de unos años apartado por sus problemas con el SIDA, y al regresar cambió su lugar en la cancha. Ya tenía 36 años y había ganado peso, por lo que no podía ocupar su antigua posición de base y pasó a jugar de pívot, en el poste bajo, según decimos en el argot. En uno de sus primeros partidos, sin venir a cuento, le propinaron un codazo que le hizo ver las estrellas. Cuando todavía aturdido se volvió a su oponente para pedirle explicaciones, se encontró con un mensaje retador: «Welcome to the low post».

Algo parecido le ocurrió a uno de los mejores deportistas de nuestra historia.

Fernando Martín tuvo una corta pero rica experiencia en la NBA. Si incluso hoy, en que los jugadores europeos son considerados con respeto (alguno hasta llega a ser lo que los estadounidenses llaman «jugador franquicia»), tienen que afrontar unos meses de transición, a mediados de la década de 1980 se les miraba con las gafas del recelo. Los equipos apenas buscaban en el semillero de Europa y tenían la tendencia a infravalorar lo que les llegaba del Viejo Continente, recelo del que no se libraron ni siquiera Petrovic o Sabonis. Pero a Fernando no le arredró la situación. Dispuesto a cumplir su sueño hizo las maletas y se adentró en un mundo que desconocía. Cierto día se presentó un jugador en un entrenamiento a cubrir la baja de un compañero que le fracturó la nariz por lo que estuvo de baja unas semanas durante las que el agresor ocupó su posición. Al término del entrenamiento los compañeros de equipo le aconsejaron: «Nunca te acerques a un jugador sin contrato. Es lo que viene buscando». «Ahora me explico por qué le dejabais tanto espacio», les respondió Fernando.

> **La diferencia entre los buenos y los mejores es la rapidez con la que asimilan y se adaptan.**

Restaura la confianza: eres mejor de lo que crees. A veces dudamos de nosotros mismos cuando hemos tenido una mala experiencia. No te preocupes. Los mejores deportistas de todos los tiempos fracasan muchas veces. Michael Jordan no llegó al 50 % de promedio de acierto de tiro en su carrera y Kobe Bryant es el jugador que más tiros ha fallado en la historia de la NBA. Y ni te cuento las faltas que falla Cristiano Ronaldo.

Cuando estés en racha adversa, recuerda cuándo lo hiciste bien. Te aliviará las emociones negativas. Los deportistas nos ponemos grabaciones de buenas actuaciones para reforzar la confianza. Si lo has hecho una vez bien, puedes volver a hacerlo.

El autorregistro, un tipo de autoevaluación del que hablaremos en el capítulo referente a la paciencia, también te reforzará la confianza y te mostrará tus virtudes y tus puntos débiles. Ya verás cómo después de analizarte no está todo tan mal. Seguro que has hecho más cosas buenas de las que te imaginabas.

Y busca el apoyo de quienes te rodean. Las palmaditas de afecto y los corrillos espontáneos de los jugadores que se forman en los partidos de cualquier deporte tienen mucho que ver con la transmisión de la confianza.

3. *Para aprender recrea las situaciones a las que te vas a enfrentar.* Es un ejercicio entretenido y una forma de repasar lo que sabes y de empezar a vivir lo que vendrá. Te ayudará a gestionar las situaciones comprometidas y a manejar la presión. Para gestionar determinados lances estresantes del juego (un *putt* decisivo, un penalti o un tiro libre en los últimos segundos) los deportistas acuden a ejercicios psicológicos que intentan recrear las mismas condiciones que se encontrarán a la hora de la verdad.

4. *Gánate la confianza de los que te rodean.*

Cuando George Karl vino a entrenar al Real Madrid, apenas sabíamos nada de él. Pronto nos sorprendió la forma que tenía de involucrarnos en numerosas decisiones que nos hacían más fáciles la vida. Muchas cuestiones que entonces se consideraban intocables como los horarios, la forma de viajar e incluso el número y la forma de los entrenamientos contó con nuestra participación. Según avanzaba el curso, nos íbamos conociendo mejor y teníamos más confianza mutua, por lo que en bastantes ocasiones me pedía opinión acerca de lo que estaba ocurriendo en la cancha y de las posibles soluciones.

No es de extrañar que con el paso del tiempo quienes convivimos con George guardemos un extraordinario recuerdo de su estancia entre nosotros. Nos impactó su forma de dirigir el equipo y con la perspectiva que dan los años todavía aprecio más su forma de ser. Aunque en cierta ocasión en la que no andábamos muy finos nos lanzó un piropo envenenado: «Hay demasiados tipos inteligentes en este vestuario para hacer un buen equipo de baloncesto». Yo, desde luego, me di por aludido. Lo cierto es que George nos implicó en la toma de decisiones del grupo y continuamente hablaba con nosotros para darnos su opinión acerca del comportamiento individual y grupal, demostrándonos su confianza en numerosas ocasiones. De esta forma ganó la nuestra. Lo único malo de George era su negación a aprender el castellano. No he visto una persona más inútil en el intento de aprender un idioma. Al final, en vista de su incapacidad, recurrimos a hablar en inglés, lo que por cierto no nos vino mal para practicarlo un poquito. De una y otra forma la confianza estaba en el equipo para regalarnos corrientes de energía y pegamento emocional.

El caso inverso es de *el Chapu* Nocioni con Dusko Ivanovic. No profundizaré demasiado en la figura de este entrenador al que respeto tanto como estoy en desacuerdo con sus métodos. Mi respeto es porque no engaña a nadie: es como el sargento malo de las películas americanas y no lo oculta. Ignoro si el método será eficaz para los reclutas de Wyoming fuera de la pantalla, pero no creo que sea la forma más adecuada de tratar a los deportistas profesionales.

Cuando *el Chapu* Nocioni se incorporó a la primera plantilla del Tau de Vitoria en 2001, el entrenador Ivanovic solo quería que defendiese y rebotase, le tenía prohibido tirar de lejos. Así que cada vez que tiraba lo mandaba al banquillo. Pero el argentino no es un tipo común y siguió tirando hasta que un día Ivanovic se dio cuenta de que no tenía ninguna razón para seguir prohibiéndoselo: no fallaba casi ninguna. *El Chapu* le había convencido. A partir de entonces se convertiría en un extraordinario jugador.

5. *Cuando tengas algo que reivindicar, compórtate de forma natural: no cedas a la desconfianza.* Tucídides dijo: «Recordad que el secreto de la felicidad está en la libertad, y el secreto de la libertad, en el coraje».

Puedes encontrarte ante situaciones que te parecen injustas y que están lastrando tu confianza y, por tanto, tu motivación y desarrollo. No te encierres en ti mismo demasiado tiempo. No es bueno. Si actúas con educación y expones tus argumentos con naturalidad, tus peticiones pueden ser atendidas y sería extraño que molestasen. Que no te frene la timidez. Y si tienes que negociar, negocia. Sé valiente.

Al incorporarse a la disciplina del equipo profesional del Bosna de Sarajevo, el extraordinario jugador yugoslavo de baloncesto Mirza Delibasic se encontró con que el entrenador le racionaba los minutos. Cansado de esperar ante una situación que le parecía inmerecida, Mirza se acercó un día al entrenador para preguntarle la razón. «Eres todavía demasiado joven», le contestó. Mirza le miró tranquilamente y le dijo: «Puedo jugar mejor que cualquiera en el equipo. Te propongo un pacto. Dame minutos y licencia para jugar en los próximos tres partidos. Si no te convenzo, aceptaré sin rechistar lo que decidas». Su primer partido fue regular, el segundo bueno y el tercero magnífico. Mirza se ganó el puesto de titular y el Bosna un jugador que le llevaría a conquistar en unos años la Copa de Europa.

Hasta aquí hemos llegado en este capítulo de la energía renovable relacionada con la confianza. Sin embargo, hay un asunto que no he tratado y que también tiene que ver con ella. Pero es tan importante que merece capítulo aparte: la generosidad. No te olvides de cultivarla.

VI

LA GENEROSIDAD: APRENDE
A SER UN JUGADOR DE EQUIPO

En el verano de 1981 el Real Madrid de baloncesto decidió dar
un golpe de efecto tras una temporada nefasta en la que el equipo, menoscabado por las lesiones, terminó asolado también
desde el punto de vista anímico. El elegido fue Mirza Delibasic,
el jugador con más clase que he conocido. Apenas tres semanas
después de su llegada, el grupo había cambiado tanto que com-
pletó uno de los mejores torneos de su historia para conquistar
el campeonato mundial de clubes en Sao Paulo, frente al Sirio,
capitaneado por otra leyenda del baloncesto: Oscar Daniel Be-
zerra Schmidt.

Vista con la perspectiva que da la experiencia, la contri-
bución de Mirza al gran rendimiento de aquel equipo tuvo
que ver tanto con su talentosa aportación al juego como con
su generosidad integral. El nuestro era un equipo deprimido
y desorientado que había pasado por una experiencia a la
que no estaba acostumbrado: el de un curso aciago. Y en eso
llegó un jugador con un historial extraordinario que se com-
portó como un humilde primerizo. Mirza era campeón de
Europa, del mundo y olímpico de selecciones nacionales,
además de campeón de Europa con su club. Y había sido
elegido por sus colegas el mejor jugador de la liga yugoslava
en tres ocasiones.

A pesar de jugar solo dos temporadas con nosotros, Mirza dejó un recuerdo imborrable. Llegó, vio y se adaptó. Asumió al instante el funcionamiento interno del equipo, basado en el compañerismo y en el respeto a las tradiciones y a los jugadores veteranos. Por citar el ejemplo más sencillo: en aquellos tiempos en los que viajar con utillero era un lujo que los equipos de baloncesto no nos podíamos permitir, Mirza aceptó con naturalidad y buen humor el acarreo del botiquín, trance por el que habíamos pasado todos los debutantes previos. El jugador más cotizado del equipo desde todos los puntos de vista, un campeón olímpico, el hombre admirado por la afición y mimado por el club era el porteador del resto: maleta, bolsa de juego y botiquín del equipo.

Mirza apenas se daba importancia a pesar de su clase. Es más, era capaz de anotar la mitad de los puntos de un partido y que el resto estuviéramos encantados, porque de una u otra forma nos hacía partícipes de su festín. Y junto a un fino sentido del humor —apoyado en una inteligencia que ni siquiera la barrera idiomática detenía— poseía una intuición que le llevaba a tratar a Wayne Brabender con la veneración que se merecía el gran capitán; a su coetáneo Corbalán como a un colega y a los jóvenes con la paciencia y el afecto que un maestro consagra a sus pupilos. Y más importante, al entrenador con idéntico respeto que al conserje del pabellón.

La generosidad es la virtud más apreciada en los jugadores de equipo.

La ética también es fuente de motivación

Permíteme que vaya un paso más allá en la reflexión acerca de la necesidad de los valores. El hecho de que tú seas un buen jugador es necesario, pero no suficiente. La vida es una liga de deportes de equipo y no tienes más remedio que aprender a jugar con los demás. Ya te anticipaba en el capítulo relativo a los valores como *Magic* Johnson y Larry Bird, los grandes dominadores del baloncesto de la década de 1980, adquirieron el hábito de ser generosos para transformarse en jugadores totales. Tampoco los primeros pasos de su sucesor, Michael Jordan, se distinguieron por estar acompasados con el resto de sus compañeros.

> Cuando el mejor entrenador de la historia de la NBA, Phil Jackson, se hizo cargo de los Bulls, la primera dificultad que se le avecinaba era convencer a Jordan de que tendría que hacer menos tiros y compartir más el balón con sus compañeros. Fue mucho más fácil de lo que pensaba: «De acuerdo. Siempre he sido un jugador *entrenable*. Cualquier cosa que quieras hacer, estoy contigo».

A lo largo de tu vida vas a tomar multitud de decisiones que irán configurando tu personalidad y tu forma de actuar. Muchas serán las ocasiones de optar por aquellas que te pongan en contacto con la cooperación, la generosidad y la honestidad. Modela tu carácter para ser un jugador de equipo. Compartiendo disfrutarás más de las victorias y tendrás consuelo en las derrotas. Al fin y al cabo, como sostiene el filósofo Fernando Savater, la reflexión ética pretende ayudarnos a entender cómo convivir mejor los unos con los otros, a disfrutar de la mejor vida posible. La ética, en definitiva, es la reflexión sobre los motivos que nos hacen ser mejores.

> **Abraza los valores éticos para ser mejor jugador y, sobre todo, para ser más feliz.**

¿Por qué es tan importante la generosidad?

Por una razón muy sencilla: somos animales tribales. Es tan básica esta característica, tan inherente, la tenemos tan incorporada a nuestro ADN que es irracionalmente instintiva: los antropólogos explican el éxito global de los deportes como una manifestación de nuestra condición tribal que subraya nuestra naturaleza humana. A falta de otros elementos identitarios, reunirnos en torno a unos tipos en calzoncillos que defienden unos colores jugando al fútbol, al rugby, al baloncesto o subiendo el Alpe D'Huez nos refuerza como grupo y nos satisface como individuos. ¿Curioso, verdad?

Pero no solo esto, sino que una de las características exclusivas de nuestra especie es ser la única capaz de cooperar en grandes números. Hay otros como las abejas o los chimpancés que cooperan entre sí, pero los únicos con habilidad para hacerlo con un número indefinido, incluso si son desconocidos, somos nosotros. No podemos vivir solos, no podemos estar solos, tenemos que contarles las cosas a los demás. ¿Cómo no va a ser importante la generosidad?

Tu instinto te está llamando a que colabores con los demás y los demás están esperando a que acudas a su llamada. Sin embargo, paradojas de esta modernidad que nos engulle, en un mundo con una tendencia imparable a la interconexión global los contactos entre personas son cada vez más sencillos y frecuentes, pero no más cercanos.

> Malcom Gladwell, el autor de *The Tipping Point*, señalaba en una entrevista a un periódico neoyorkino el efecto contradictorio de los avances tecnológicos que, por un lado conectan el mundo entero y por otro están fomentando formas ancestrales de comunicación. Precisamente, uno de los motivos que le condujo a escribir su exitoso libro fue la investigación de la pujanza del boca a boca en la actualidad: «Todo el mundo parece estar de acuerdo en su importancia, pero nadie es capaz de explicarla».

Quizá la paradoja que reseñaba Gladwell solo sea aparente. Los sistemas modernos se imponen por su inmediatez y bajo coste, pero la comunicación humana se basa en innumerables matices que, de momento, la tecnología no es capaz de proyectar. Es tan compleja que no hay nada que sustituya al cara a cara. Y en ello radica su éxito: el boca a boca es una aproximación, una corriente de información que permite interactuar con el transmisor e influir en el mensaje transmitido.

No te dejes llevar por la comodidad. Busca el contacto personal. Comparte, interactúa, transmite tus emociones para transmitir energía.

Te voy a dar un ejemplo de lo más práctico: los contactos son el procedimiento en el que más confían las empresas a la hora de incorporar nuevos empleados a sus plantillas.

En una conversación con Enrique Sánchez, presidente y director general de Adecco, este aseguraba que, en contra de lo que la mayoría de la gente piensa y desde que existen datos al respecto, las tres cuartas partes de las contrataciones en puestos de confianza y de responsabilidad se siguen gestionando a través de redes de contactos. «Todavía hoy los contactos y las conversaciones son el medio más eficaz y más utilizado en los procesos de contratación. Y no creo que varíe en mucho tiempo, ya que lejos de reducirse, esta tendencia se ha incrementado en los últimos años. Mientras que las nuevas tecnologías sirven de canales de comunicación, **las referencias son canales de conocimiento**».

Y ya sabemos lo que pasa con el conocimiento, que es fuente de motivación.

La subordinación se extingue, la cooperación se impone

Por todo lo que venimos hablando, las relaciones de subordinación en cualquier ámbito están siendo sometidas a un intenso proceso de revisión, tanto por los teóricos como por la propia experiencia. Hace unos meses, el científico y pensador Eduardo Punset sostenía en un artículo que «el concepto de empleo y la noción de jefe habrán desaparecido a mitad de este siglo». No seré yo quien avale esta teoría, pero tampoco el que se esfuerce en rebatirla, máxime cuando soy un total convencido de que los liderazgos han de tender de forma inexorable a ser compartidos y en red, cada vez menos jerárquicos. Lo que sí me atrevo a suscribir es que *el jefe a la antigua usanza* es una especie en vías de extinción.

Ten presente que el ser humano no puede desgajar su afectividad de su actividad, y la motivación, como ya hemos visto, está tan ligada a las emociones como su misma raíz latina. Por la misma razón, a la hora de compartir, en especial tareas en las que la responsabilidad y la tensión pueden formar parte intrínseca de su naturaleza, todos preferimos hacerlo con aquellas personas que son comprensivas, que alientan y que fomentan la cooperación. Y si no te comportas así, no querrán que formes parte de su equipo.

Y si tú eres empresa deberías extraer una consecuencia muy sencilla: si los profesionales competentes van buscando ámbitos laborales que les permitan el desarrollo, la conciliación y un buen ambiente de trabajo, lo más rentable a medio y largo plazo sería proporcionarles estas condiciones. Muchas de las jóvenes compañías de mayor prestigio internacional como Google, Microsoft o Apple están por esta razón entre las preferidas por los profesionales. La última encuesta destaca entre las españolas a Mercadona o Inditex, lo que indica a las claras que la rentabilidad no está reñida con el correcto trato emocional.

¿Cómo conseguir ser un buen jugador de equipo?

Todos tenemos experiencia de colaboración en grupo. Unos más y otros menos. Pero sin duda las tendrás al cabo de tu vida. Entonces, la generosidad se convertirá en uno de los ingredientes fundamentales para que te transformes en un buen jugador de equipo o en uno mejor si ya eres bueno. Y, como siempre, reflexiona y entrena.

Conviértete en una persona generadora de buena química. Cualquiera que sea tu condición y la actividad a la que te dediques no olvides que te relacionas, trabajas con personas que sienten, padecen y disfrutan. Que te conviertas en una persona generadora de buena química es una de las piedras angulares de la propuesta de este libro. Gran parte del éxito de los proyectos radica en el bienestar de quienes participan.

> Química, química y química, un equipo no llega a ser grande si no tiene buena química. Un jugador no llega a un equipo grande si no es capaz de generarla.

Comportarse como lo hizo Mirza está al alcance de pocas personas. Sin embargo, para actuar de forma que produzcamos efectos parecidos solo tienes que, como diría cualquier entrenador del montón, ponerle ganas, es decir, tener la voluntad de hacerlo. Con un poco de sacrificio por tu parte —léase generosidad— y ponerte en lugar del compañero —dígase empatía—, tu esfuerzo se percibirá y no tardarás mucho en encontrar personas con las que sintonices. Recuerda de dónde venimos: los grandes simios, con quienes compartimos ancestros, siguen siendo animales grupales cuyas pautas de comportamiento están marcadas por la existencia de una comunidad. Todos tenemos virtudes sociales destacables y solo se trata de detectarlas y dejarlas aflorar.

No te preocupes demasiado en cómo hacerlo, salvo con naturalidad y educación. Hay personas más simpáticas, otros más serios, y habrá a quien le guste más la cháchara que la escucha. Tampoco se trata de banalizar lo que hacemos o de ser un Leo Harlem de la vida. Solo de hacer la vida más fácil a los demás. Cada uno es como es y cada quien es cada cual, que diría Serrat.

Y como norma general aplicable a cualquier ámbito, comienza a trabajar tu propia reputación como alquimista en busca de una buena química con tus compañeros. Considera así a todos los que colaboran contigo, no importa la tarea que hagan ni la responsabilidad del puesto que ocupen.

> **Si quieres ser un grande emula a las más grandes estrellas, pero sobre todo a jugadores de equipo. Estos son los imprescindibles.**

Cultiva la generosidad hasta convertirla en un hábito. Por supuesto, que también en esto hay personas más predispuestas y a las que apenas les cuesta esfuerzo. Aun así **no cesan de cultivar esta forma cooperativa de actuación.**

En septiembre de 1975, un muchacho desgarbado y descoordinado apareció por la ciudad deportiva del Real Madrid más despistado que un pigmeo en un partido de baloncesto. Tanto que confundió a Pedro Ferrándiz, el entrenador del equipo profesional, con el encargado del pabellón. Y como Ferrándiz no era una persona que admitiese muchas bromas, la carrera de Fernando estuvo a punto de terminar antes de que hubiese comenzado.

Pero Fernando solventó con su simpatía natural aquel desliz que a cualquier otro le hubiera colocado cerca del despido automático. Desde entonces hasta ahora hemos compartido muchas horas, no solo en entrenamientos y partidos, sino también en las numerosas actividades que desempeña en su actual cargo de la Fundación de la Federación Española de Baloncesto y, cómo no, en cientos de lo que él desde hace años llama «trabajos para la BBC» —uno más de una lista sin fin de chascarrillos que renueva constantemente—, que no son sino los conocidos jocosamente como «Bodas, Bautizos y Comuniones», lo que traducido al román paladino vienen a ser tertulias, presentaciones comerciales, actos benéficos, aniversarios con las peñas de aficionados y un etcétera que solo terminará el día que, ojalá tarde mucho en llegar, Fernando deje de poder hablar y desplazarse.

En todos estos años, y no es una exageración, salvo con ocasión de las derrotas, nunca lo he visto con mala cara, el gesto torcido o rechazar una de los millones de peticiones de autógrafos o fotos que los implacables fanáticos del deporte o de los programas de televisión le han solicitado. Lo que para otros supone un fastidio, para Fernando es una ocasión de reírse con quien sea, de contar un chiste, de dar recuerdos a un supuesto amigo común o de rememorar algún sucedido de la mili o de un programa de la radio. Hoy, su reputación absolutamente merecida e indiscutible es la de una persona entrañable, solidaria y con la que es un placer colaborar en cualquier medio y situación. Y no lo digo porque sea mi amigo, Fernando Romay, ese pequeño monstruo.

> Un gran jugador lo es en todo, también como pegamento del resto de las piezas del grupo. Convierte la generosidad en un hábito.

Destierra las actitudes egoístas. Si no buscas la buena química, será por pura dejadez, así que erradica cuanto antes las excusas, ya que en caso contrario tu egoísmo se volverá en tu contra tarde o temprano. Mantener actitudes egoístas, como el orgullo, la vanidad y la ingratitud es una forma de **estupidez**, pues no tardarán mucho en causarte problemas.

Recuerda esto: el egoísmo es una potente fuerza de reacción que te estallará en la cara cuando menos te lo esperes.

Nadie quiere en su equipo al jugador egoísta.

Por la importancia del asunto repito: *el egoísmo es una forma de estupidez*. Aunque solo sea por tu bien, por puro egoísmo, destierra estas actitudes de tu vida. Sin embargo, mi recomendación es que abandones el egoísmo y cultives la generosidad por convencimiento. Si te lo propones no tardarás mucho en hacerlo. Y obtendrás pingües beneficios…

A *mayor responsabilidad, mejor alquimista*. No debes perder de vista que el aumento de tus responsabilidades deberá conllevar una mayor implicación con la alquimia, so pena que te quieras convertir en un *jefe en vías de extinción*. Estudia a fondo las alternativas que están a tu alcance para cambiar las condiciones que dañan la productividad, y crea atmósferas estimulantes en las que tus colaboradores apasionados puedan desarrollar su creatividad. Algunos ya lo están haciendo y no precisamente en empresas pequeñas.

> Un convencido de este enfoque es Eduardo Petrossi. El consejero delegado del grupo Mahou-San Miguel ha alentado el desarrollo de un departamento de Personas & Organización, cuyo nombre, en lugar del tradicional Recursos Humanos, habla mucho de su propósito. Este área de la compañía desarrolla talleres de salud que cuidan del bienestar físico y emocional de sus profesionales. En estos momentos está poniendo en marcha una investigación para evaluar el grado de felicidad de los mismos y tomar las decisiones pertinentes con el fin de mantener un marco laboral adecuado en el que primen la conciliación y el desarrollo del talento.

Aunque solo sea por echar una mano a Confucio y a mí mismo, que no merme su reputación y aumente la mía en el país de la dinastía Ming, ayuda a tus colaboradores a que les guste su trabajo, no a que terminen por odiar trabajar contigo y por buscar otros horizontes laborales. Si los profesionales buscan lugares de trabajo en los que desarrollarse, con ambientes estimulantes y conciliadores, ofréceselos. Tú y tu empresa saldréis ganando. Aprende a interpretar sus querencias porque de otra forma te convertirás en un tipo de entrenador del que huyen los jugadores, en un jefe del que huyen los empleados, en consecuencia, en una empresa a la que sus profesionales se le escapan.

> Si tú eres entrenador no olvides esto: muchas veces los jugadores no cambian de equipo, cambian de entrenador. Motiva, da oportunidades y confía en tus jugadores. Ya sabes: la generosidad cimenta la reputación de un buen alquimista.

¿Cuáles son las recompensas de la generosidad?

Actuar con generosidad tiene, para empezar, una doble recompensa intrínseca e inmediata que está encuadrada en los dos primeros apartados que siguen a continuación. Pero al igual que consignaba al referirme globalmente a los valores, de la generosidad derivan unas consecuencias prácticas no tan evidentes, y quizá no tan automáticas, pero de indudable valía. Solo hay que reflexionar acerca de tus vivencias para reparar en ellas. Mis maestros hace mucho que me lo enseñaron y con el paso del tiempo, tarde o temprano, la opción de la generosidad termina por imponerse en tu manera de actuar. Alguna ventaja tiene que tener el cumplir años.

1. *La satisfacción de ayudar a quien está cerca.* En cuanto compruebes la eficacia del estímulo lo buscarás y poco a poco lo convertirás en un hábito placentero, en una afición. Te lo puedo asegurar. Una de mis escasas habilidades como jugador era dar asistencias. (Disculpa, pero de vez en cuando tengo que animarme yo mismo, que esto de escribir un libro es muy solitario.) Era muy reconfortante, en especial, cuando ayudabas a un compañero que no estaba muy acertado. Su agradecimiento en estos casos siempre era efusivo. Y la emoción que por mi parte recibía, notable.

   Por eso, el agradecimiento también forma parte de la generosidad. Así que no seas tacaño, que a todos nos gusta que nos digan cuándo hacemos bien las cosas. En cualquiera de los dos casos estás ayudando a que los demás cumplan sus cometidos y, en consecuencia, a que el entorno funcione mejor, a que las emociones fluyan.

> «Una canasta hace feliz a una persona, una asistencia, a dos.»
> (Toni Kukoc)

2. *Vivirás más tranquilo y con una predisposición favorable al trabajo.* Aún más, cavilar sobre ello te ayudará a reforzar tu actitud. Recuerda que la **reflexión** ética pretende ayudarnos a comprender cómo podemos convivir de la forma más justa y sobre los motivos que nos hacen ser mejores. Dicho de otro modo, y si eres más aficionado al deporte que a la

filosofía, imita a los campeones, que hacerlo suele dar buen resultado: repasa tus partidos y te darás cuenta que la colaboración te hace mejor.

La generosidad implica no esperar nada a cambio.

Kant pensaba que uno de los deberes del ser humano es transmitir el conocimiento adquirido, en su mayor parte heredado. Para predicar con el ejemplo, durante cuatro décadas impartió lecciones entre los universitarios a los que aconsejaba: «Aquel que vive moralmente puede esperar ser recompensado por ello, si bien no debe dejarse motivar por esa esperanza».

Aunque, como dice Kant, no debemos esperar que se nos devuelva la misma moneda, es evidente que actuar de forma desprendida trae incentivos automáticos. Pero no solo los intrínsecos ya citados: hay más.

3. *La generosidad es una fuerza de ida y vuelta.* Si tratas a tus colegas con compañerismo te lo devolverán en la mayoría de las ocasiones. Energía va, energía viene.

4. *Generarás confianza para ti y para los que te rodean.* Actúa con educación y amabilidad, reconoce con agradecimiento el trabajo bien hecho, admite lo que no sabes hacer, ofrécete voluntario y, en general, aprovecha cualquier circunstancia para relacionarte con los que te rodean y mejorar el ambiente. En resumen, ayuda, colabora, escucha, facilita. Aprende la inteligencia emocional: conoce tus emociones y ponte en la piel de los demás. ¡Incorpora la empatía a tu vida!

> **¡Los mejores jugadores son aquellos que dan al equipo
> lo que necesita en cada momento!**

Estarás generando una confianza en apariencia superficial, pero más importante de lo que pueda parecer a simple vista, ya que contribuirá al fomento y asentamiento de las buenas relaciones y a la comunicación fluida, necesaria en el día a día e imprescindible en los momentos críticos.

Los equipos no funcionan sin confianza. Comienza por generarla a tu alrededor *para que fluya la comunicación*. Será necesaria cuando haya que decidir el partido y haya mucho ruido alrededor.

En definitiva, conviértete en una persona *anticiclónica*, que lleve la luz y energía a los que te rodeen e intenta alejar tus corrientes *borrascosas*. Te ayudará a transmitir tus ideas y a mostrarte como eres realmente. Es decir, a colocar los cimientos de una confianza relevante o profunda.

5. *La generosidad crea vínculos para siempre.* El deporte también los crea. No renuncies a ellos.

6. *Y aún más, será un escudo que te protegerá en más ocasiones de las que crees, aun sin que te des cuenta.*

En un campamento minero de las montañas del Perú, el cabo Lituma y su adjunto Tomás viven en un ambiente hostil bajo la amenaza fatal de los guerrilleros de Sendero Luminoso.

—Usted es un guardia civil buena gente —oyó afirmar a Dionisio—. Lo reconocen todos en el campamento. Nunca se aprovecha de su autoridad. No hay muchos así. Se lo asegura alguien que conoce la sierra como la palma de su mano.

—¿Les caigo bien a los peones? Cómo sería si les cayera mal —se burló Lituma—, porque no he hecho ni un solo amigo desde que estoy en el campamento.

—La prueba de que lo consideran es que usted y su adjunto todavía están vivos.

(*Lituma en los Andes*, Mario Vargas Llosa.)

7. *Ganar el partido no es suficiente: la generosidad es tu patrimonio y tu legado.*

Otro buen ejemplo de una conducta positiva apreciada es el del que ha sido tercer portero de la selección española, Pepe Reina, que incluso ha tenido que defenderse públicamente recordando que «no estoy en la selección para contar chistes». Sin duda el que fuera cancerbero titular del Liverpool durante muchos años es un excelente guardameta, pero a la hora de elegir un componente del equipo que apenas va a participar en los partidos, los entrenadores se inclinaron por aquel que era un ejemplo en los entrenamientos y que, además, ayudaba a sobrellevar los problemas que aparecían en las concentraciones tan largas y tediosas como estresantes.

No creo que Romay o Reina escogieran de forma intencionada proyectar una figura amable y colaborativa, sino que su personalidad se desarrolló de forma espontánea conforme a unos rasgos que se fueron potenciando con el paso de los años. El resultado es una imagen identificada con los entornos amables de colaboración que la sociedad moderna está demandando. De forma instintiva e impremeditada o haciendo un esfuerzo por mejorar tus habilidades sociales, tu actuación ha de estar ligada necesariamente a la generación de dinámicas positivas.

Este capítulo comenzaba con una reflexión acerca de la vigencia del boca a boca como forma de comunicación. No olvides que la reputación es un traje que confeccionas día a día, del que no puedes desprenderte. De ti depende que con el paso del tiempo se convierta en una seda de gala que resalte tus aptitudes o en un traje de buzo que hunda tus proyectos. La generosidad es tu patrimonio y tu legado.

Mirza Delibasic solo estuvo dos años con nosotros, suficientes para dar muestras de su gran espíritu. En un último gesto de generosidad con el club, que había decidido prescindir de sus servicios para reestructurar la plantilla, renunció al año de contrato que le restaba con una de sus frases lapidarias: «Mirza no cobra lo que no trabaja». A renglón seguido se hizo socio del Real Madrid. Nada comparado con su actitud heroica durante la guerra de los Balcanes, cuando desoyó los múltiples ofrecimientos para establecerse fuera de Bosnia y eligió permanecer en Sarajevo para compartir el sufrimiento con sus compatriotas. Ya terminado el conflicto, en el año 2000, catorce meses antes de morir, Mirza nos visitó en Madrid y trajo a su hijo Danko para que conociese la ciudad que tanto quería. En el pabellón de la desaparecida Ciudad Deportiva se oyó en su honor una de las ovaciones más largas y emotivas que he escuchado en mi vida. Las palmas desprendían admiración, pero sobre todo, cariño. El mismo que conservamos todos los que tuvimos la fortuna de coincidir con él, mucho más allá de haber sido el jugador con más clase que hemos conocido.

VII

LA PACIENCIA, LA ENERGÍA DEL PROGRESO

El 11 de agosto de 2012 el deporte español enfocaba el foso de salto de altura del estadio olímpico de Londres. Era el turno de Ruth Beitia, una de nuestras representantes más emblemáticas, capitana del equipo de atletismo y, sin duda, nuestra principal baza de medalla en la pista de tartán. La saltadora cántabra había dado muestras en numerosas ocasiones de su competitividad y parecía encontrarse en gran forma. Cuando llegó la hora de la verdad, la gran Ruth respondió: saltó los dos metros por primera vez en su carrera en un gran campeonato y al primer intento. En ese instante, quien escribe estas líneas, que se encontraba en la curva del estadio olímpico lo más cerca posible de la competición, lanzó un grito de triunfo con la seguridad de que teníamos (permítaseme el posesivo plural) el metal en la mano. Pero el que fuera durante tantos años plusmarquista español de triple salto y buen amigo, Raúl Chapado, frenó mi euforia. «Cuidado con la americana. Técnicamente no es muy buena pero es muy rápida. Este tipo de saltadoras puede enganchar un buen salto en cualquier momento». Para nuestra desgracia, el pronóstico se cumplió. Brigetta Barret realizó el mejor salto de su carrera y relegó a nuestra atleta a la cuarta plaza.

Con la decepción de no haber conseguido el gran sueño de su vida, pero con la enorme satisfacción de haber hecho todo cuanto estuvo en su mano y haber estado muy cerca de lograr-lo, la mejor atleta de nuestra historia se retiró de la competición, tal y como había anunciado. Para matar el gusanillo del deporte Ruth comenzó a patinar en el carril que circunvala el aeropuerto de Parayas y a las pocas semanas consiguió dar dos vueltas en algo más de media hora, menos de lo que empleaba en dar una cuando comenzó. Aún fuera de la alta competición seguía midiéndose consigo misma cada día.

Pero el fuego de su querencia a la pista no se había extin-guido con la decisión de retirarse tras los juegos, así que poco a poco el entrenador de toda su vida, Ramón Torralbo, la enceló de forma paulatina con la vuelta y Ruth se dejó encelar. Co-menzaría de esta manera una segunda etapa plagada de éxitos en la que, además de proclamarse dos veces campeona de Eu-ropa al aire libre, lograría lo que ningún otro atleta español ha conseguido hasta el momento: conquistar la Diamond League de la Federación Internacional de Atletismo. O sea, ser la me-jor del mundo a lo largo de una temporada completa.

La carrera de Beitia es un ejemplo de constancia basado en la superación apenas apreciable pero incesante, en la que no han faltado retrocesos y alguna que otra desilusión. Batió el récord de España en 1998 pero lo perdió al año siguiente y tardó tres años en recuperarlo. Todavía emplearía alguna tem-porada más en llevar a las grandes competiciones sus mejores saltos. Fue en 2005 y desde entonces se ha convertido en una aspirante a las medallas por su regularidad y su seguridad. En el momento de escribir estas líneas nuestra ejemplar saltadora acaba de conquistar la recompensa de plata en el mundial de pista cubierta y ya entrena con la ilusión de conseguir la única que no tiene en su palmarés: una medalla en unos juegos olím-picos.

La paciencia, el equilibrio de la modernidad

La paciencia es una virtud que parece chocar contra el imparable vértigo en el que está sumergido el mundo en el que vivimos. El implacable avance tecnológico es un tornado que absorbe todo lo que encuentra a su paso y que gira cada vez más rápido. El teléfono fijo tardó 75 años en alcanzar los 100 millones de usuarios; su pariente sin hilos, el móvil, 16 años; la red que ha cambiado nuestras vidas, Internet, 7; «cuéntame Facebook», 4 años y 6 meses; «radio macuto, Whatsapp» 3 años y cuatro meses; Instagram 2 y 4 meses, y el jueguecito llamado Candy Crush 1 año y 2 meses. ¡Ah!, y las fotos de Google, el ojo que todo lo ve, menos de 5 meses. Si hubiera vivido estos años, me hubiera encantado saber qué frase se le habría ocurrido a Ricardo de la Vega, el autor del libreto de *La verbena de la Paloma* (1894), en lugar de su célebre: «Hoy las ciencias adelantan que es una barbaridad».

Sin embargo, por muy rápido que vaya el mundo, cada remontada requiere su *tempo*. Al lado de cambios vertiginosos, otros procesos de maduración se mantienen casi intactos, en especial, aquellos relacionados directamente con el ser humano. Y no parece que este tipo de desarrollos vayan a recortarse de forma significativa por más que se roboticen los procesos de producción, se digitalice la comunicación o los ordenadores funcionen cada vez más deprisa.

Desde que Ruth Beitia saltó 1,80 m en el Mundial Júnior de 1998 hasta los Juegos de Londres de 2012 en los que franqueó por primera vez los dos metros en un gran campeonato, su progreso se contó en escasos centímetros por año, junto a temporadas en las que no conseguía superar a la anterior. De igual forma tampoco da la impresión de que una obra literaria pueda escribirse en unas horas, salvo que seas un nuevo Lope de Vega, por más que tengamos entre nosotros al libro digital. Los medios e instrumentos que utilizamos progresan a velocidad supersónica, pero nuestro cerebro y nuestro cuerpo siguen avanzando paso a paso. De momento, un embarazo dura en torno a las 38 o 40 semanas según cómo lo contemos.

En definitiva, la paciencia es una virtud fundamental en la actualidad para alentar nuestras remontadas y dar viabilidad a nuestros proyectos. Un contrapeso energético a la permanente aceleración a la que nos someten los continuos avances de la tecnología.

> Aunque pueda parecer paradójico, reivindico la calma, la espera, el sosiego, la paciencia como un mecanismo de activación de la energía.

El desarrollo de la paciencia

La impaciencia es un rasgo de los primeros años de nuestra vida que vamos educando con el paso del tiempo. Los niños solo entienden la recompensa inmediata y carecen de la experiencia y el juicio necesarios para poner en perspectiva cuanto ocurre a su alrededor. Quieren el juguete, el programa de televisión o las *chuches* al instante. Los niños solo entienden del aquí y ahora, y hasta lloran cuando no les concedemos sus deseos. Seguro que en multitud de ocasiones te ha ocurrido algo parecido a lo que le pasó a mi amigo Paco Yurrita, que partió desde Santander para visitarme en Andorra y a los 10 kilómetros de viaje, al pasar por Solares —la localidad del agua y donde cuatro huevos son dos pares— su hijo le preguntó si ya habían llegado. Solo cuando crecemos vamos comprendiendo el valor del largo plazo y aprendemos que el diseño, la ejecución y la creación de cualquier obra o la adquisición de determinadas habilidades necesitan cumplir sus fases.

No quiere esto decir que los adultos seamos capaces de relativizar el presente y enfocar el futuro en cada momento. También necesitamos recompensas intermedias, por supuesto que sí. En caso contrario nuestra existencia sería intolerablemente aburrida. Y cuantas más tengamos mejor. Necesitamos la sensación de avance, de progreso, de movimiento, decir: «esto marcha», «estoy como una moto» o, si te quieres poner poético, «viento en popa a toda vela». La sensación de que nos acercamos al objetivo es otra fuente extraordinaria de energía, por pequeño que sea el paso que damos. Se hace camino al andar.

La paciencia, la otra cara del progreso

Sin embargo, qué curioso, los hábitos de vida y de consumo modernos parecen querer retrotraer nuestras pautas de conducta a nuestros comportamientos infantiles, hacia la inmediatez. Como si quisieran devolvernos a esa parte de nuestra vida, más irracional, contraria a la madurez.

Por eso se hace cada vez más necesaria la reivindicación de la paciencia como un instrumento imprescindible para navegar en las procelosas aguas de la vida actual, que diría Forges. De otra forma, perderás la perspectiva necesaria tanto para disfrutar y celebrar lo mucho bueno que te ocurre cada día como para poner lo negativo en su contexto y juzgarlo con perspectiva. El fomento de la paciencia te permitirá poner en marcha mecanismos de energía como el aprecio del progreso y relativizar el avance escaso o la regresión.

Por ello, uno ve con cierta satisfacción el auge de lo que se ha llamado en los últimos tiempos «la cultura del esfuerzo» —en contraposición con la de la recompensa inmediata— que lleva implícita la consecución de los objetivos lejos de los cortos plazos que pretenden acosarnos. Ya la recompensa no está a la vuelta de la esquina, sino tras el tiempo que requiera la siembra, alimentación y recogida de unos frutos cuyo nacimiento y desarrollo precisan sus términos.

La importancia de la paciencia

«*Uno, me parece a mí, que ya ha demostrado que sabe desenvolverse, y lo que no sepa hoy ya lo aprenderá mañana, que tampoco se ganó Zamora en una hora, como yo digo.* (Miguel Delibes, *Diario de un emigrante, 1958.*) De este refrán han echado mano desde el autor de *La Celestina* hasta mi admirado y paisano Delibes, pasando por Cervantes, así que mucho me temo que no he inventado nada al recalcar la importancia de la paciencia. Me limito a recordar lo que, a pesar de haber sido repetido muchas veces, parece que hemos olvidado. Por cierto, que el refrán tiene una segunda parte con diferentes versiones («...ni Roma se fundó luego toda» o «...ni Sevilla en un día») que no se suele citar, lo que no deja de ser paradójico con la recomendación que preconiza el proverbio. Esta es mi humilde versión de la segunda parte del refrán. Un poco más extensa, eso sí.

Cada remontada tiene su tempo. Muchas remontadas se frustran por precipitación. Los aficionados a los deportes de equipo estamos acostumbrados a ver a los entrenadores en la banda pidiendo calma a los jugadores. Los de fútbol se dirigen a sus jugadores con las palmas de sus manos hacia el césped y oscilando ligeramente arriba y abajo sus brazos en ángulo recto. Los de baloncesto son más aficionados a llevarse los índices a las sienes para reclamar el uso del cerebro. Confieso que en más de una ocasión me he quedado con las ganas de devolverles el gesto. Pero es cierto que la precipitación no lleva a buen puerto y que muchas veces hay que detener el ritmo para que los árboles nos dejen ver el bosque y saber dónde nos encontramos.

> Con motivo de la reciente desaparición de uno de los iconos del deporte mundial, Johan Cruyff, la persona que más ha influido en el juego del fútbol y lo dice un madridista, se han multiplicado las anécdotas trascendentes sobre su comportamiento. Una de las más originales tiene que ver con el asunto que estamos tratando aquí. Uno de los hábitos de los entrenadores cuando los planes no están saliendo a su gusto, casi diría que está en su manual, es reclamar a los jugadores que nos entreguemos más a la causa. En cambio, una vez más, el discurso de Cruyff era el contrario: «Estáis jugando mal, porque estáis corriendo demasiado».

El peligro de querer correr demasiado, de querer anticiparse a la llegada es el desorden y con él la pérdida de energía. Ya hemos hablado antes de la impaciencia infantil. Seguro que has visto en alguna ocasión partidos de niños. La principal diferencia con los de los adultos es el desorden. Quieren buscar la recompensa evidente (tener el balón) y hacer tantas cosas que, al final, caen en el desorden. Lo que pedía Cruyff a sus jugadores era precisamente esto. Que dejasen de jugar como niños. No busques siempre la recompensa inmediata porque cada situación tiene su *tempo*. El desorden genera frustración y, por tanto, es un freno a la energía.

La paciencia te permitirá aflorar energía y motivación. Aprender que cada remontada lleva su tiempo te ayudará a alejar factores de desmotivación tanto personales como de tu entorno. Has de saber que hay periodos en los que no se avanza, incluso se retrocede, pero considerar estas circunstancias como normales dentro del proceso impedirá que sientas que tu esfuerzo es inútil o que estás remando contra corriente. Al contrario, el retroceso es parte de la evolución. Tu progreso no es una línea recta en permanente ascenso, sino una línea quebrada con altibajos.

Ya que hemos citado a Johan Cruyff, la construcción de aquel gran equipo que se bautizó como el Dream Team requirió de tres temporadas y unas dosis de paciencia impropias del club azulgrana hasta entonces. Pero obtuvo una gran recompensa. La calma en los momentos en los que parecía que el equipo no avanzaba permitió al Barcelona abrir una gran etapa de éxitos que se ha prolongado hasta la actualidad. Si Cruyff hubiera sido tratado con la misma intransigencia en los plazos que el resto de los preparadores, nada de lo que hemos visto después hacer al FC Barcelona hubiera sido posible.

La paciencia te enseñará a calibrar con perspectiva. Precisamente, la espera de que los ciclos se cumplan con su duración habitual es una de las virtudes que desarrolla la experiencia. Con el paso en repetidas ocasiones por situaciones similares terminamos por valorar la distancia, el largo término y la pausa. Es la pausa la que define a gran parte de los grandes deportistas. Esa capacidad de parar el tiempo mientras todo a su alrededor continúa con su velocidad monocorde. La tranquilidad a la hora del momento decisivo de Leo Messi que en el último instante parece ralentizar sus movimientos para analizar su mejor opción. Y es la característica de los grandes organizadores como Xavi Hernández a cuyo son se movió el Barcelona y la selección en los periodos más fértiles de su historia. Parar, templar y mandar, el trío de acciones requeridas a quienes se hacen cargo de una situación. La primera de todas ellas, parar.

Y *cada persona también tiene su* tiempo. Querer hacer las cosas más rápido de lo que eres capaz también puede llevarte a la frustración. Los procesos de aprendizaje, de experiencia, llevan sus ciclos y tan dignos y adecuados a cada situación son los vinos de maduración lenta en barrica de roble como los vinos jóvenes.

No solo en nuestro desarrollo personal, también en la forma de solucionar o llevar a cabo asuntos puntuales cada uno tenemos nuestro propio ritmo con el que obtenemos mayor rendimiento. Seguro que no eres perfecto y hay cosas que se te dan mejor que otras.

Pedro Zorita es un polifacético profesional y baloncestista frustrado que ha desembocado en director comercial después de pasar por la consultora Make a Team y diversas empresas de todo tipo y condición. Hombre cabal y clarividente me confesaba hace escasas fechas: «Después de muchos años de experiencia me he dado cuenta de que la inflexibilidad que proponían de forma genérica los teóricos de la gestión del tiempo no se ajustaba ni a la conciliación ni a las cualidades de cada individuo. Lo importante no es cómo hace cada uno el trabajo, sino que cada uno lo haga. Y cada uno tiene su ritmo. Pretender que todos se muevan al mismo compás supone la generación innecesaria de estrés. Un clima demasiado rígido puede contribuir a crear frustraciones».

Un tipo mucho menos trascendente en el mundo de la empresa, pero al que también merece la pena escuchar, Ed Catmull, uno de los creadores de Pixar Animations, contaba en su libro *Creatividad S. A.* que «no se puede comparar el rendimiento de los más jóvenes que no tienen familia y que trabajan más horas con el de aquellos que son padres. Hablo de la productividad y de la felicidad a largo plazo. Debemos tener flexibilidad para reconocer la necesidad de equilibrio en la vida de nuestros empleados».

Es lo que sucede con los jugadores veteranos. Lo que van perdiendo en físico con el paso de los años lo ganan en conocimiento del juego y en la rapidez para analizar las situaciones. Por eso hoy en día, con el avance de la medicina deportiva y la implantación de entrenamientos cada día más científicos se ha alargado de forma notable la carrera de los deportistas capaces de mantener un alto nivel competitivo.

La paciencia como fuente de motivación

La paciencia no tiene un capítulo propio en este libro solo porque te ayude a la reflexión o porque sea un elemento imprescindible en el proceso de consecución de tus objetivos, sino, sobre todo, por su conexión con la puesta en marcha de tu motivación en determinadas ocasiones. Es este papel como fuente de activación el que la vincula profundamente con el argumento de este libro. Continúa leyendo y verás cómo la paciencia te ayudará a continuar con tu remontada.

Mide los pequeños logros de cada día. Decíamos que una de las fuentes de energía diarias es la importancia de marcarse metas en el día a día. Ahora vamos a ir un poco más allá. Tienes que relacionar las metas de cada día. Mídelas, piensa sobre ellas, dales vida, ponlas todas en consonancia. Haz un todo con las partes.

Esto es lo que hacemos de forma instintiva los deportistas de alto nivel durante nuestra carrera, aunque no reparemos en la reflexión teórica que apuntamos en este capítulo. La llegada a la meta puede tardar años. Piensa en los atletas o en los gimnastas cuyo principal objetivo son los JJOO que tienen lugar cada cuatro años. Es muy fácil motivarse para correr 100 metros, pero no es tan fácil ponerse a trabajar para un examen que sucederá dentro de cuatro años y que durará 10 segundos o menos.

En realidad, las competiciones atléticas son un suspiro comparadas con cualquier actividad de la vida ordinaria. Y sería muy difícil mantener el nivel de motivación con la vista puesta únicamente en un objetivo tan lejano. Fíjate cómo son, a grandes rasgos, los planes de entrenamiento de los atletas. Cuando se reúnen con su preparador a principios de temporada tienen por delante diez meses de duro entrenamiento en los que alcanzar su estado óptimo. Comienzan con unas largas y agotadoras sesiones varias veces al día durante el invierno, para ir cumpliendo etapas y aligerar la preparación con el propósito de afinar la forma para las competiciones en el verano. Habrán cumplido entonces la primera fase de las cuatro en las que consiste el ciclo olímpico.

Pero, ¿cómo soportar el agotamiento, el dolor y la sensación permanente de que no puedes dar un paso sin perder el equilibrio una vez que terminas los entrenamientos? Por las mañanas despertar y poner el pie en el suelo es como pisar una alfombra de faquir. Y solo al cabo de unas horas cuando empiezas con dificultad el calentamiento para la siguiente sesión empiezan a diluirse los dolores. ¿Cómo se sobrevive a eso? Solo hay una fórmula y es que todos los días tienes retos que cumplir: kilómetros que correr, kilos que levantar y lanzamientos que ejecutar que se miden, comparan y te acercan al objetivo.

Perdón, y saltos. Que por algo he abierto el capítulo con una gran atleta que ha construido su brillante carrera centímetro a centímetro. Si un centímetro en un año te puede dar la felicidad, seguro que tú también puedes encontrar muchos avances en tu vida diaria. Mas cuando se agota la sensación de mejora con el reto de cada día la carrera del atleta llega a su fin.

> Uno de los mejores deportistas de nuestra historia, el que más medallas olímpicas ha conseguido hasta la fecha, el piragüista David Cal, comenzó el ciclo hacia Río, pero se quedó a mitad de camino. En las declaraciones que efectuó para explicar su precipitada retirada señaló que había perdido la motivación. «Si no tienes ganas y no estás dispuesto a pagar el precio que tienes que pagar por conseguir una medalla olímpica te tienes que apartar. No puedes entrenar por entrenar, a ver si por casualidad...»

Este es el meollo de lo que estamos hablando. Todo el mundo está motivado para ganar una medalla olímpica. ¡Cómo no! Y más un deportista que está dispuesto a cambiar de vida, vivir en Brasil, y que ya sabe lo que es ganarlas: ¡cinco medallas en cinco finales! Pero si no consigues sentir que, en alguna medida, te acercas al objetivo en el día a día, aunque sea centímetro a centímetro, es muy difícil continuar. Y David, después de tantos años, conocía a la perfección cómo calibrarse.

En realidad, es lo que ocurre en muchas otras facetas de la vida. La razón de la división y medición de lo que hacemos no solo es una cuestión organizativa. También es un adelgazamiento de las cargas que tenemos que cumplir, por ejemplo, las lectivas. El tener que ir paso a paso nos libera de la obligación de un trabajo que de otra forma nos parecería inabordable. Piensa en tus tiempos de estudiante y cómo la aprobación de una asignatura suponía una inyección de fuerza para continuar porque implicaba movimiento, aproximación a la meta. Este mismo libro es mucho más fácil de leer porque está dividido en capítulos y, así también ha sido para mí mucho más fácil escribirlo.

En resumen, medir y poner en consonancia lo que haces con otras referencias te dará sensación de avance, de movimiento y te incentivará a seguir adelante: el autorregistro que mencionamos en el capítulo V. En realidad, una buena parte de las tareas que realizamos todos los días tienen correlación con las que has hecho y harás otras muchas veces, por lo que no es difícil medirlas con cierta aproximación. La velocidad con la que resuelves problemas, buscas datos, cumples las tareas, relacionas pensamientos, etc., son comparables con cierta facilidad.

> **Márcate tus propios hitos y cuando te falte mucho para el final no pienses en lo que te queda, sino en lo que estás avanzando.**

Plantéatelo como una carrera de ultrafondo y para ilustrarlo te voy a contar una experiencia personal.

Todos los abriles desde hace ocho años, viajo a Laponia para completar una carrera de esquí de fondo de larga distancia dividida en etapas maratonianas. El último día nos tocan 80 agotadores kilómetros. El año en el que debuté, después de más de una hora ascendiendo entre colinas me topé con un cartel que ponía: 70 km a meta. Se me cayó el alma a los pies y poco más me da un sopitipando allí mismo. No me quité los esquís porque la alternativa era quedarse en mitad de un parque natural a doce grados bajo cero. Pero poco a poco avancé y cada vez que aparecía un cartel era una inyección de gasolina. Cuando quedaban 30 ya me parecía que aquello estaba chupado, aunque ¡todavía me quedaban dos horas! Pero ya llevaba mucho más de la mitad. Entonces ya pensaba que estaba muy cerca del objetivo. Con la experiencia de los años y conocedor del recorrido voy cantando cada vez que aparece un nuevo mojón: ¡Ya solo quedan 70!

Celebra el progreso pero no te duermas en los laureles. Las celebraciones sinceras son siempre fuente de emociones positivas. A cualquier edad y en cualquier momento. La alegría es energía que te permitirá volver con fuerza a lo que estás haciendo.

El que fuera un azote para el Madrid y luego compañero nuestro, Drazen Petrovic, quizá ha sido el jugador que más he visto automotivarse después de sus aciertos. Saltaba, levantaba el puño y encendía al respetable, ya fuera local o visitante. Un día le tuve que decir «tranquilo tío, para de saltar que hay que seguir jugando». Pero era su forma de mantener su competitividad al máximo.

Es decir, que no te cortes con las celebraciones, pero hazlo con cierta calma. No te dé miedo hacerlo, pero no presumas en exceso: no hay que herir susceptibilidades. Así que cuando celebres en público, hazlo con discreción.

Por cierto que la importancia del buen humor, de la predisposición a superar los malos tragos y de ponerse manos a la obra ha quedado puesta de relieve en los últimos tiempos de manos de algunas corrientes de la Psicología. Los padres de la reciente psicología positiva, **Peterson y Seligman** destacan la influencia en nuestra vida de emociones positivas como la alegría y de fortalezas como el optimismo. En resumen, cuanto más celebres, mejor, siempre que no descuides lo que tienes entre manos.

Un descanso en el momento justo siempre viene bien.

Observa tu obra y contacta con los destinatarios o los responsables. La famosa información de retorno es una corriente de energía que no debes desperdiciar. La comprobación de que lo que haces satisface a quien va dirigido o cumple los requisitos que se te exigen es una señal de que circulas por el buen camino y, por tanto, un empujón en tu marcha. Un aplauso a tiempo, la satisfacción del cliente, la confirmación de un experto, la contemplación pausada del pequeño quehacer que tienes entre manos realizado suponen la recompensa a tu compromiso.

Incluso un profesional con la experiencia de Enrique Rodríguez, que lleva treinta años en el mercado laboral, no es ajeno a este tipo de estímulos. Más aficionado al deporte y a los motores que al estudio, sus inclinaciones fueron pronto detectadas por alguno de sus profesores que junto al «necesita mejorar» añadió un «le gusta mucho el balón y poco los libros». Así que desechada la opción del deporte, pronto se incorporó a los talleres familiares como mecánico, de donde dio el salto a Opel y de ahí al Grupo Gamboa en el que en la actualidad es jefe de servicio. Atento y dinámico, quizá por haber mamado desde joven los principios de los negocios familiares, siempre ha creído que si un cliente sale contento, volverá. «De forma que salgo con frecuencia del despacho para no perder el trato con ellos. Ah, ¡y raro es el día que no me mancho las manos de grasa! Me gusta colaborar a diario con todos los que trabajamos juntos.»

Más claro, agua. Y es que, al fin y al cabo, no solo las folklóricas se deben a su público.

Relativiza el día a día, pero con honestidad. El punto de partida de este capítulo es la paciencia, la observación de cuanto ocurre en relación con lo que haces, lejos de la celeridad que nos arrastra. Poner en práctica las suficientes dosis de tranquilidad para relativizar lo que sucede a tu alrededor y medir tu avance implica un ejercicio de sinceridad contigo mismo. En muchas ocasiones tendrás personas y datos que te corregirán o que te ayudarán en la evaluación, pero en otras muchas estarás en tus propias manos. No seas cruel contigo mismo, no te flageles por los errores, pero tampoco te engañes porque si lo haces, esa actitud, más temprano que tarde, te dejará al descubierto: antes o después se presentarán los resultados o las personas que te juzgarán culpable.

En una larga conversación hace escasas fechas con Ruth Beitia me confesaba que el equilibrio ha sido la clave de su carrera. «Cada cual tiene su ritmo de crecimiento y la paciencia para desarrollar mi potencial fue clave en mi evolución como atleta. Paso a paso fuimos poniendo las bases para con los años alcanzar las alturas en las que se lucha por las medallas. Durante varias temporadas estuve compitiendo con Marta Mendía por el récord de España en torno al 1,90 m., hasta que llegado el momento experimenté un enorme progreso en dos temporadas que me situó entre las mejores del mundo. Luego me costó otras tantas estabilizarme y quedarme definitivamente entre ellas.

Con el paso de los años la experiencia me ha enseñado a valorar cada situación. En el último campeonato del mundo quedé segunda con un salto de 196 cm., y aunque esperaba saltar 2 metros, terminé satisfecha tras analizar que había hecho durante la preparación todo lo que estaba en mi mano. No siempre sale todo perfecto. Ahora no me preocupo si un día no puedo cumplir exactamente con lo programado. Solo me preocupo de dar honestamente lo máximo que pueda ese día y que, en ocasiones, es el 85 % del plan, mientras que en otras es el 110 %. Cada día también tiene su propio ritmo.»

Nota: Este ha sido, con diferencia, el capítulo que más me ha costado escribir de todos. En muchos momentos no encontraba la forma adecuada de estructurarlo y me daba la impresión de que no avanzaba, lo que me llevaba a trabajar más despacio. Una vez que lo estructuré todo tal y como pretendía, la escritura fluyó de nuevo y pude recuperar el ritmo normal. En casa del herrero…

VIII
CREA EL ENTORNO APROPIADO PARA LAS REMONTADAS

Quienes tenemos la suerte de conocer a Pau y a Marc Gasol hemos podido comprobar de primera mano su sencillez, su humildad y la tranquilidad con la que afrontan la vida. Lejos de la afectación o del escándalo, la trayectoria de los hermanos es ejemplar tanto en su comportamiento en la pista como fuera de ella. Incluso en los momentos más complicados, sus declaraciones son siempre un ejemplo de sentido común y de ponderación. Conscientes de su importancia, ambos han puesto de relieve en numerosas ocasiones la influencia del ambiente familiar en su comportamiento adulto. «Quizá como consecuencia de ello», señalaba el mayor en una entrevista al semanario de El Mundo, *«soy una persona que intenta ser una buena influencia para los demás. Estoy convencido de que toda la positividad que transmitamos tiene un efecto dominó sobre los que están cerca de nosotros. La educación de mis padres ha tenido que ver mucho con esta actitud». Con razón, siempre se ha considerado su serenidad y su inteligencia como cualidades fundamentales en su exitoso desarrollo profesional.*

También un deportista marcado por su círculo es Rafa Nadal, cuya primera gran crisis de resultados, por cierto, no se debió a las lesiones que tanto le han martirizado, sino a la separación de sus padres: su entorno se tambaleaba. Por su parte,

Toni Nadal ha manifestado en muchas ocasiones que la clave del éxito de Rafael, como él llama a su sobrino, no ha sido tanto la asimilación de los recursos técnicos del tenis, hoy perfectamente estructurados por las numerosas escuelas existentes de este deporte, sino la forja de un carácter. Como hemos destacado en estas páginas y él repite con frecuencia: la voluntad también se entrena.

El tutor de la gran estrella del tenis español apunta a los medios y no solo al fin como la base de su método de enseñanza. Y así piensan educar a los jóvenes tenistas que decidan incorporarse a la academia que acaba de comenzar a funcionar en su localidad natal, Manacor. «Junto con el éxito profesional siempre hemos tenido el ahínco de perseguir la satisfacción y la felicidad. Es mucho más fácil ser feliz con una actuación esmerada y con un trabajo que no desatienda los aspectos que nos hacen más humanos. No todo vale a la hora de conseguir metas.»

El gran tenista mallorquín que después de casi dos años de sequía volvió a conquistar un torneo Master 1000 en abril de 2016 en Montecarlo corrió al término de la final a abrazar a los suyos con los ojos llorosos por la emoción del momento. En el palco se encontraban sus entrenadores, representantes, cuidadores y su novia. En definitiva, el entorno que le ha permitido llegar hasta donde está y volver a la cima después de muchos meses de decepciones.

En uno de los muchos encuentros que la familia y el Consejo Superior de Deportes organizan para la difusión del legado de María de Villota, su padre Emilio, pionero en España de la Fórmula 1 contaba que no tenía ninguna intención de que sus hijos se dedicaran al mundo del motor. Es más, sabedor de las dificultades de esta especialidad, intentó sin fortuna orientarles hacia otra actividad deportiva. Cuando ya adolescentes, sus hi-

jos María y Emilio le manifestaron su voluntad definitiva de ser pilotos, el padre les dijo: «De acuerdo. Mañana comenzamos. Antes de ir al colegio, a las siete salimos a correr». Cuando sus hijos protestaron, les replicó: «Para ser piloto hay que ser deportista». En su emocionante autobiografía, la propia María transcribió una carta que había escrito y leído a su familia con motivo de la celebración de su onomástica. En ella explicaba que de aquellos cinco días en los que estuvo en estado crítico no le habían quedado recuerdos concretos, pero sí sensaciones muy claras de las causas que le habían permitido aferrarse a la vida. Una de ellas, que no lo hubiera podido soportar si en su casa no se hubiese respirado la educación del esfuerzo y la perseverancia enseñadas por sus padres y practicada desde pequeña a través del deporte. Y la más importante, que sabía que su familia la esperaba.

La importancia del entorno

Estos son unos ejemplos de cómo lo que nos rodea puede marcar la forma en la que actuamos. El entorno se revela como un factor que ejerce una gran influencia en la educación y en la asunción de los valores que han de sostener nuestra personalidad y nuestro modo de proceder. De ahí su importancia en los procesos formativos durante los que se cimentan los fundamentos que guían nuestras actividades y conductas y, en consecuencia, su papel protagonista en la disposición con la que afrontamos las remontadas.

Pero no solo quienes nos rodean, sus actitudes y recomendaciones nos dejan su impronta durante los periodos de aprendizaje. El entorno también puede ser determinante en la forma en la que nos conducimos durante toda nuestra vida, en especial si nuestra autoconfianza es baja o nuestros valores no están bien asentados. En resumen, los principios y el ambiente en el que hemos sido formados, en primer lugar, y en el que nos movemos, a continuación, nos condicionan sobremanera y en ocasiones de forma definitiva.

El infortunio de una compañera de trabajo quedó grabado en la memoria de Juan Manuel de la Nuez, consejero delegado de SCPF, una influyente agencia de publicidad que cuenta con cerca de 100 empleados en España. Hace unos años, la joven perdió al hijo que esperaba cuando solo le quedaban dos meses para el nacimiento por un cúmulo de circunstancias adversas y desconocidas para él, entre las que luego se enteró que podrían haberse encontrado el estrés o la falta de reposo. Se prometió a sí mismo que nunca le volvería a pasar algo parecido. En el verano de 2015, durante la asfixiante ola de calor que padecimos en España, otra compañera embarazada de cinco meses estuvo a punto de desmayarse en el metro. Cuando la mujer vino a pedirle unos días de descanso para recuperarse, Juan Manuel no dudó un instante: «Vete a casa y vuelve cuando hayas parido». Al preguntarle por qué había tomado esa decisión le quitó importancia: «Es lo que he aprendido aquí, entre la gente que hemos levantado esta compañía. Y lo que seguimos haciendo».

Sin embargo, también el hábitat que nos envuelve puede impulsarnos en la dirección contraria de lo que pretendemos o necesitamos, frenando nuestros ímpetus y nuestras ganas de avanzar. Pocos ejemplos tan gráficos como el que sigue.

El ganador de tres etapas en el Giro de Italia y cuatro en el Tour de Francia, el madrileño Eduardo Chozas, me cuenta que en los primeros años de la década de 1980, tras la crisis más larga que ha sufrido el ciclismo español, la reputación de los nuestros en el pelotón internacional era paupérrima. Al llegar por primera vez al Giro en unos tiempos en los que los recorridos eran poco montañosos para favorecer a las estrellas del ciclismo trasalpino de entonces (Moser y Saronni, un contrarrelojista y un llegador), los equipos italianos recriminaban con dureza a aquellos españoles que querían romper la monotonía de la marcha. No les permitían atacar desde lejos en las etapas llanas, hasta el punto de cerrarles el paso entre varios corredores e increparlos con gestos y voces intimidatorios. La ley del mínimo esfuerzo en espera de la resolución final al esprín. Fue con la llegada de la montaña y las victorias cuando los nuestros rompieron la tendencia, se ganaron el respeto y dejaron de ser acosados como novatos.

No solo el ambiente que te rodea puede actuar como una fuerza contraria a la dirección que pretendes tomar. En ocasiones, tu círculo más íntimo y las personas de confianza son quienes ejercen un influjo negativo en nuestros comportamientos o en nuestros hábitos de conducta. El entorno te puede arropar, pero también te puede destrozar. Algunos de los futbolistas más conocidos que han jugado en nuestro país, como Maradona o Ronaldinho, sufrieron en sus carreras el daño que les causó el clan que les rodeaba. Una vida ni siquiera acorde con la de un futbolista normal.

Y es que los hábitos de entrenamiento, el respeto a los horarios, el cumplimiento de las exigencias que marca el deporte profesional no pueden ser marginados. Una de las consecuencias que más me atraen de la práctica deportiva es su escala de recompensas, la que más tempreno que tarde termina por desvelar tu competencia. Tanto trabajas, tanto te cuidas, tanto vales. La ecuación es muy sencilla, y la cancha, la pista o la carretera te colocan rápidamente en tu sitio como casi ninguna otra actividad humana consigue hacerlo. En este juego en busca de la excelencia, la exigencia es máxima e individual. Aunque estés en un equipo que te marca una tendencia, hay que mantener la independencia necesaria para nunca ir en contra de los principios que determinan tu rendimiento y tus decisiones.

Por tanto, hay que mantenerse alerta porque el entorno puede convertirse en determinante en la toma de decisiones si nuestra autoconfianza es baja y nuestros valores no están bien asentados. Y cuidado que no solo puede conducirte a la ruina profesional. Conocemos desde hace años las estremecedoras cifras del deporte estadounidense que revelan la rapidez con la que sus protagonistas dilapidan sus fortunas. Casi el 80 % de los jugadores de fútbol profesional tienen problemas apenas dos años después de su retirada. Las cifras de la NBA son algo mejores, aunque también muy significativas. Según un informe de la revista *Sports Illustrated,* el 60 % de quienes han sido jugadores de la Asociación Nacional de Baloncesto no pueden hacer frente a sus pagos legales cinco años después de su retirada.

Provenientes de suburbios y familias necesitadas, al alcanzar el éxito se ven rodeados de amigos y conocidos que no tienen ningún reparo en pedirles grandes cantidades de dinero. El que fuera una de las estrellas de la liga en los años 80 y 90, Charles Barkley, señalaba la dificultad de los jugadores de color provenientes de barrios pobres de negarse a dejar dinero a gente necesitada. «He prestado millones de dólares a tipos que no he vuelto a ver. Pero llega un momento que hay que poner un límite.» Con su característica locuacidad explicaba el momento en el que dejó de hacerlo. «Cuando un amigo me vino a pedir dinero por cuarta vez para el funeral de su abuela, no tuve más remedio que decirle: ¡Pero, tío! ¿cuántas abuelas tienes?»

Quizá te sorprenda más, si bien de forma menos contundente, saber que el despilfarro de las fortunas también es común en Europa. Un informe redactado por la consultora Schips Finanz en 2014 asegura que un 50 % de los futbolistas de las ligas europeas se arruina al poco de abandonar el deporte. Un dato tan sorprendente como revelador acerca de la importancia que los ambientes llegan a ejercer sobre las personas.

> El entorno es muy importante para nuestro desarrollo, aunque ¡cuidado!, porque nos puede dirigir hacia destinos muy diversos.

Concluyendo con la fuente más clásica, así refería Sancho Panza la influencia que Don Quijote estaba teniendo en su vida cuando su amo lo envió hacia El Toboso para que hablase con Dulcinea en busca de una bendición que «pudiera esperar por ella felicísimos sucesos de todos sus acontecimientos y dificultosas empresas»: «Este mi amo por mil señales he visto que es un loco de atar, y aun también yo no le quedo en zaga, pues soy más mentecato que él, pues le sigo y le sirvo, si es verdadero el refrán que dice: "Dime con quién andas, decirte he quién eres", y el otro de "No con quien naces, sino con quien paces"».

Por qué nos dejamos influir por el entorno

Las razones por las que influye tanto sobre nosotros tienen que ver con nuestra propia naturaleza: somos animales grupales y no lo podemos obviar. El miedo al rechazo es un obstáculo que te puede coartar y has de tener presente que puede asomar en cualquier momento, en especial cuando tu círculo está integrado por personas con las que existe una dependencia material o emocional.

Hoy es bien sabido que nuestra mente está mucho más predeterminada a dar la razón que a llevar la contraria, lo que puede inclinarnos a tomar decisiones equivocadas, si entra en juego, además, la presión añadida de lo que nos rodea. De forma que si sientes cierto desasosiego en el estómago cuando estás respondiendo «sí», revisa tu decisión con calma antes de que asumas como correcto lo que puede suponer un error de bulto. No te dejes llevar solo por lo que diga tu cerebro cuando estás bajo la presión del entorno. ¿Sabías que tienes neuronas en tu aparato digestivo?

El sistema nervioso entérico puede estar actuando como señal de alarma.

Como pone de relieve Pilar Jericó en su libro acerca de la fuerza de la determinación, date permiso para decirte a ti mismo: tomo la decisión porque me sale de las tripas. Nunca es fácil conocer cuándo estamos dando la respuesta conforme con nuestros valores y sentimientos. Es un aprendizaje que perfeccionamos con el paso del tiempo, pero del que nunca tenemos la certeza absoluta.

También la presión social puede influirnos

Más allá de nuestro círculo íntimo, la sociedad nos envía mensajes de forma constante que a veces no coinciden con nuestros intereses y valores. La presión de los pares, el sesgo del grupo y los estereotipos te pueden conducir a la toma equivocada de decisiones, incluso si tu nivel de autoconfianza es elevado. No

CREA EL ENTORNO APROPIADO PARA LAS REMONTADAS

aceptes las tradiciones o los rituales porque así se han hecho toda la vida ni las modas porque son la corriente dominante. Muchas veces carecen de sentido y son contraproducentes. Hasta en el deporte de alto rendimiento los entrenadores y directivos se dejan llevar por costumbres que carecen de fundamento.

Algunas de las tradiciones más absurdas en el deporte tenían que ver con los viajes y las concentraciones. Ya entonces la simultaneidad de las competiciones europeas y nacionales nos obligaba a pasar muchos días fuera del hogar recluidos en hoteles aburridísimos con el trastorno que suponía el cambio de horarios, costumbres y alimentación, amén del emocional. Aun así los entrenadores se empeñaban en concentrar a los jugadores antes de los partidos en casa o se viajaba con mucha antelación aunque el viaje no durase ni una hora. Hasta que llegó George Karl y nos preguntó cómo queríamos viajar. El entrenador estadounidense rompió una tradición obsoleta que a la larga perjudicaba nuestro rendimiento. Ya en época más reciente, el Barcelona de Guardiola viajaba el mismo día del partido en la mayoría de las jornadas en las que jugaba como visitante de la Liga Española.

Otra creencia, aún más descabellada todavía y que por lo que veo en los reportajes de TV de algunos equipos de fútbol ha pasado a mejor vida es el de la conveniencia o no de determinados ejercicios. Siempre he sido bastante curioso con los tipos de entrenamiento que se hacían en otros deportes con el afán de ir incorporando novedades al mío. En una ocasión, a mediados de los 80, cambié impresiones con el equipo técnico de uno de los mejores clubs del continente. Les pregunté cómo trabajaban el entrenamiento de fuerza y qué tipo de sesiones hacían con pesas. La respuesta me dejó estupefacto: no hacemos pesas porque quitan velocidad. En un primer momento estuve a punto de replicar que yo compartía entrenamientos con los hombres más rápidos del país y que se hartaban de hierro o que si no habían visto a

Ben Johnson por la tele. Pero comprendí que estaban en el terreno de las creencias seculares, así que me callé y decidí seguir investigando. Cuando tras preguntar a otros entrenadores de fútbol recibí la misma respuesta, comprendí que el asunto no tenía nada que ver con la razón, sino con el miedo al cambio, por muy absurda que sea la actitud que la costumbre ha marcado.

Hacer las cosas porque se vienen haciendo de una determinada manera no deja de ser una variante de hacerlas porque sí, un argumento con el que seguro que no estás conforme. De la misma forma, muchas de las grandes compañías tradicionales afrontan cada vez más el problema de ser superadas por empresas más modernas, más pequeñas pero más ágiles. No están centradas en el cliente y poseen estructuras pesadas y organigramas y canales de comunicación demasiado rígidos, anclados en un pasado que nada tiene que ver con la era digital. Piensa y actúa por ti mismo. No te comportes como un dinosaurio, porque te colocarías al borde de la extinción.

> La evolución depende de tu propio juicio. Así pues, aliméntalo y busca las mejores opciones por ti mismo. No pierdas de vista la corriente dominante, pero no te dejes llevar por ella.

Créate un entorno crítico y protector

Uno no elige a sus padres, a sus educadores, ni los lugares en los que transcurren los primeros años de la vida. En cierta forma, gran parte de nuestra forma de actuar deriva de este periodo, pero llega un momento en que tenemos que tomar nuestras propias decisiones. Ya no valen las excusas. El entorno adulto te lo puedes crear tú. Tú eliges a tus amigos, tus consejeros y tus círculos. Si aciertas, serás mejor persona.

Yo fui mucho más afortunado que Maradona y Ronaldinho porque siendo aún muy joven, rondaba los 18, conocí un hatajo de cobardes que no paraban de correr. Alfonso del Corral y José Manuel Beirán eran entonces los cabecillas de una banda que pateaba sin descanso las más recónditas colinas de la Casa de Campo, como si estuvieran huyendo de alguien o persiguiendo algún botín. Resulta que lo único que pretendían era mejorar su condición física y hoy, que no cunda la alarma, son personas respetables, médico cirujano y psicólogo del deporte, respectivamente.

Gracias a ellos me apasioné por el ejercicio físico cuya práctica no he abandonado desde entonces. Hay que tener en cuenta que en aquellos años, cuando no había trenes —como diría el buen amigo Juan Manuel López Iturriaga, al que por cierto no le agradaban demasiado estas correrías, pero que ya tenía lengua de serpiente—, no se estilaba eso que hoy parece tan normal de levantar pesas y ponerse cachas. Algo tan sencillo como que si mantienes tu técnica, pero estás más fuerte y resistente lo harás mejor, no se había asimilado por parte de la cultura deportiva hispana. He de decir que tampoco por parte de algún estadounidense (para que no os creáis que los únicos cerriles éramos nosotros y alejar ese complejo de inferioridad tan hispano), aunque no daré nombres para no herir susceptibilidades. El hecho es que comprobados los efectos de los primeros entrenamientos, me pegué a ellos como perrillo faldero y compartimos muchas horas de atletismo, baloncesto y estudio. Y por encima de todo, comprendí y asimilé la importancia de una manera de hacer las cosas que hoy, un siglo después, sigo manteniendo.

El entrenamiento físico también es importante para el cerebro

No sé si estabas esperando como inevitable el momento en el que te recomendaría la práctica deportiva. Pues aquí está, ¡no pensarías que me iba a olvidar! Pero una vez más, y ya en los capítulos finales del libro, no lo hago de forma gratuita, sino que hago la sugerencia con criterio. Ya verás...

El mantenimiento de la energía diaria depende de muchos factores emocionales, físicos y psicológicos. En cualquiera de estos ámbitos, la práctica deportiva es un factor estimulante de primera magnitud. No voy a entrar en muchos detalles de los innumerables estudios que existen acerca de sus beneficios, pero con carácter general y según dice la Organización Mundial de la Salud (ese organismo que nos viene de perlas para citarlo cuando nos conviene) el ejercicio, por encima de todo, mejora la calidad de vida y la percepción que tenemos de cuanto ocurre a nuestro alrededor. Es decir, predispone a cualquier tipo de actividad, al reducir el riesgo de enfermedades y lesiones y, en concreto, el número de bajas laborales.

De forma más concreta, la actividad deportiva pone en marcha el laboratorio de nuestro cuerpo que comienza a generar diferentes tipos de sustancias (dopaminas, norepinefrina, etc.) relacionadas con las sensaciones placenteras y la resistencia al estrés.

Por último, e igualmente interesante para los asuntos que estamos tratando, es un método insustituible para mantener el alto rendimiento de las funciones cognitivas, previendo el deterioro y aumentando la capacidad cerebral. Numerosos estudios demuestran la relación existente entre el ejercicio aeróbico y la buena salud de las neuronas, tanto como los juegos y ejercicios variados que requieren coordinación y estimulan las conexiones neuronales.

Practica todo el deporte que puedas, siempre que no estreses tu cuerpo y, mucho menos, tu mente. No quiere esto decir que si te complacen las carreras de larga distancia o los retos exigentes desistas de ellos. Ni mucho menos. De hecho, de vez en cuando yo me sumerjo en alguno. Simplemente, aunque pueden ser una ayuda, no son imprescindibles para los fines que estamos buscando en este libro.

Las especialidades deportivas son muy numerosas, así que solo has de encontrar la que más se acople a tus gustos, habilidades y a tus hábitos de vida. Y si no puedes o no te apetece implicarte en ninguna de ellas, practica lo que llamo el paseo conversado: ponte al día con los amigos mientras pateas unos cuantos kilómetros. Que ahora, además, se puede ejecutar con el aditamento de los bastones: la marcha nórdica bien ejecutada es un deporte sencillo y muy eficaz.

Qué curioso que de la misma forma que los médicos y psicólogos recomiendan el ejercicio físico, de la misma forma y en sentido inverso, estos últimos recomiendan a los deportistas de alto rendimiento que estudien. Ampliar su campo de visión de la vida le ayudará al entendimiento de situaciones extremas, a liberar tensiones y, en consecuencia, a la estabilidad emocional. Y por si todo esto fuera poco el deporte es un generador de endorfinas, que actúan como neurotransmisores del placer. O sea, que contribuyen de forma decisiva a nuestro bienestar y a nuestra felicidad.

> Los deportistas deben estudiar y los profesionales
> (y el resto de la humanidad) deben hacer deporte.

Un estudio de la Universidad Carlos III de Madrid publicado en abril de 2016 muestra como resultado definitivo que la práctica físico-deportiva regular y reglada afecta de manera positiva al rendimiento académico de los estudiantes. Las conclusiones cifran un incremento de hasta en un 9 % de este tipo de deportistas frente a los que se encuentran fuera de este grupo.

Juega la remontada en casa

En deporte las remontadas se deciden a veces por cuestiones mínimas. Y, por supuesto, jugar en casa siempre es una ayuda. El apoyo del público es muy importante, sobre todo cuando las cosas van mal. Al animarte en las situaciones difíciles, los aficionados te están diciendo, vamos no importa, ya saldrá bien, no desfallezcas.

Asimismo, jugar de local te da seguridad: el vestuario de siempre, los rituales de cada partido, incluso el trayecto hasta el pabellón te tranquilizan porque los conoces y los has hecho tuyos. Estás en tu mundo y un mundo que tú modelas a tu medida para encontrarte más cómodo.

Y algo que quizá no se vea desde fuera, la cancha propia te concede ventajas. A pesar de que todas reúnen unos estándares similares, incluso iguales en baloncesto según marca el reglamento, siempre hay mínimas diferencias. El aro de baloncesto está a 3,05 m (siempre que el árbitro lo mida antes del partido), pero cómo rebota o cómo escupe el balón cambia de una canasta a otra, ya que la fuerza de los muelles que sujetan el aro y lo convierten en basculante varía en función de las vibraciones que recibe. Tampoco las redes son iguales. Y aun suponiendo que todo esto fuera idéntico, las referencias dentro de la pista cambian porque, eso sí, no hay dos pabellones iguales en cuanto a la disposición del público y de la publicidad. Cuando juegas en tu cancha, por mucho que gires, corras de espalda o pierdas el equilibrio tienes multitud de detalles que te permiten calibrar las distancias y orientarte. Y siempre hay una canasta para la segunda parte o, como el Madrid de las remontadas en la Copa de la UEFA de los años 80, una portería de los goles. Cuestión de confianza.

La principal ventaja de jugar en casa es que aprovechas el conocimiento del detalle y la seguridad que esto te proporciona. En cierta ocasión, a uno de los «ingenieros» que pululaba aburrido por el pabellón en el que jugábamos se le ocurrió la misma mañana del partido apretar los tornillos que sujetan el muelle del aro. Como consecuencia, el aro quedó mucho más duro de lo habitual y por la tarde nos encontramos con la desagradable sorpresa de que el balón rebotaba más de lo que estábamos acostumbrados. Aquel día perdimos parte de la ventaja de jugar como local.

Me imagino que habrás reparado por dónde quiero ir. No tienes público en tu vida diaria (o quizá sí), pero puedes contar con gente a tu alrededor (físicamente o a través de las redes sociales) que te anime. Y puedes preparar el lugar donde te mueves para sentirte cómodo. La decoración, la mesa de trabajo, el ordenador, la música que te emociona o que te anima, las fotos que te traigan recuerdos, tus libros favoritos o cualquier cosa que se te ocurra te ayudarán a sentirte más cómodo y más relajado. En definitiva, a jugar en casa.

La importancia del entrenamiento invisible

Y una última recomendación que quizá te sorprenda: pon en práctica el entrenamiento invisible. En deporte se llama así al cuidado de todo tipo de detalles que fuera de los horarios de entrenamiento influyen de forma definitiva en el rendimiento final del deportista. Aunque hay más, los más importantes son la alimentación, el descanso y el cuidado del cuerpo (masajes, saunas, rehabilitación...).

Este concepto ha sido bautizado en los últimos tiempos, aunque ya se practicaba en los Juegos Olímpicos de la Grecia clásica: los atletas llevaban una vida orientada al deporte y con una dieta diferente al resto de los ciudadanos, un tanto curiosa si la examinamos desde la perspectiva de hoy en día. Se les permitía comer mayores cantidades de carne que al resto, diferente según la modalidad deportiva: carne de cabra para los saltadores, de buey para los luchadores. Más recientemente, aunque ya casi hace un siglo, el entrenador Sam Mussabini puso encima de la mesa el entrenamiento invisible cuando Harold Abrahams solicitó su ayuda para obtener una medalla en los Juegos Olímpico de París (1924), como pudimos ver en la inolvidable y oscarizada *Carros de fuego*.

Quizá te sorprenda conocer que la dieta y el descanso también son muy importantes para el rendimiento del cerebro, ya que, al igual que el resto de tu cuerpo, el cerebro necesita nutrientes específicos y ciclos de recuperación para un rendimiento óptimo. Sin ánimo de ser exhaustivo tu cerebro va a funcionar mucho mejor con una alimentación rica en pescado, ensaladas y verduras y libre de azúcares refinados. Pero, sobre todo, no olvides el magnesio que mejora de forma ostensible las sinapsis —conexiones entre neuronas— imprescindibles para mantener y aumentar la plasticidad del cerebro y estimular la memoria. Bebe mucha agua y dosifica el café, pues una ingesta excesiva te alterará el descanso y, por supuesto, el alcohol.

Junto a la dieta, el descanso regular debe formar parte de tus hábitos. Y a estas alturas, numerosos estudios científicos revelan que el cerebro necesita periodos de refrigeración, así como prestigiosas consultoras de RRHH concluyen que el rendimiento de los profesionales aumenta con breves periodos de descanso después de a lo sumo 70 minutos de trabajo.

Así que, intenta dormir un mínimo de 6 a 8 horas en función de la actividad que desarrolles y de tu metabolismo y, en la medida que sea posible, con un horario parecido. Ten presente que el sueño perdido no se recupera y que tu cuerpo tiene su propio reloj que conviene no adelantar y atrasar. Y una buena noticia: dormir la siesta es beneficioso.

La famosa cabezadita española te hace más creativo, elimina el estrés y mejora tu estado de ánimo, tal y como demostraron científicos de la Universidad de Harvard en un estudio publicado en 2003. (Si me hubieran preguntado a mí se habrían ahorrado el trabajo.) En resumen, una siesta de entre veinte y treinta minutos al día puede ayudarnos a estar de mejor humor, más alertas y a mejorar nuestro rendimiento ya sea en el trabajo, el estudio o los deportes. Dicen que Albert Einstein, John F. Kennedy, Napoleón y Thomas Edison son algunos siesteros famosos. En España, ni me he preocupado de hacer una lista porque en esto estamos «fuera de categoría».

Cuando fiché por el CAI Zaragoza en 1985 tuve la suerte de conocer a Gregorio Cros, un joven e inquieto preparador físico que buceaba en las novedades relacionadas con su profesión. Decidimos entonces ponernos a cocinar lo que llamamos la dieta Navratilova, cuyo doctor había publicado con éxito una serie de recomendaciones con recetas en un libro titulado *Coma para ganar*. Así comencé a darme cuenta de la importancia de la alimentación en el rendimiento de los jugadores, asunto sobre el que sigo estudiando en la actualidad. De resultas de la experiencia, cuando un año después regresé al Real Madrid con una dieta rica en ensaladas, fruta, cereales integrales y con la proteína a la plancha y sin carne roja, tuve que sufrir con resignación durante unos meses las chanzas de Lolo Sainz, los chascarrillos de Romay (que me apodó «el Macrobiótico») y el cachondeo de los compañeros. «Pero Joe, ¿qué es eso? ¿Comida para los pájaros?», se carcajeó Chechu Biriukov con su inconfundible acento ruso, mientras sostenía en sus manos una bolsa de muesli. En la última competición que conviví con la selección española de nuestros días, el Eurobasket de 2013, casi la mitad del equipo llevaba su propio régimen de comidas, algunos de ellos sin gluten.

Por cierto, la burla de mis compañeros no tenía nada que ver con que considerasen mi esfuerzo inútil o una excentricidad innecesaria, sino con el hecho de que en aquellos años cada movimiento y cada frase eran radiografiados mutuamente con el objetivo de encontrar algún motivo para sacarle punta. El mínimo error te condenaba a ser sujeto de guasa inmisericorde para los restos. Y no estoy exagerando: hoy todavía recordamos las situaciones más celebradas. En el fondo, no era más que otra forma con la que combatir el tedio de los interminables viajes y concentraciones que padecíamos. Un entorno en la búsqueda constante de su equilibrio.

IX

DEL ACOMODAMIENTO

El 11 de marzo de 1998, el emblemático delantero del Real Madrid y de la Selección Española Raúl González Blanco ofreció una rueda de prensa ante los constantes rumores que se habían desatado en torno a su baja forma. El jugador había irrumpido en el fútbol profesional con tan solo 17 años causando un gran impacto por su enorme capacidad de lucha y un extraordinario olfato goleador. Tras un comienzo de carrera fulgurante, su rendimiento decayó de forma ostensible y su vida personal comenzó a ser cuestionada. En un país como España, en el que el fútbol ocupa la mayor parte de la información, no solo deportiva, el asunto se convirtió en el centro obligado de críticas, tertulias en los medios y conversaciones privadas.

En aquella multitudinaria convocatoria, que incluso fue noticia de cabecera de algún noticiario nocturno, el jugador admitió su bajo momento de forma, pero rechazó de plano las acusaciones más morbosas que le asociaban con un estilo de vida impropio de un deportista del más alto nivel. Eso sí, Raúl reconoció llevar la vida propia de un futbolista de 20 años y salir de vez en cuando, al tiempo que achacó su escaso rendimiento a un precipitado proceso de puesta a punto tras una lesión que le tuvo de baja durante un periodo de tiempo más largo del previsto.

Muchos años después uno recuerda aquellos momentos y la impresión que me dejaron con bastante nitidez. Raúl era el nuevo símbolo del Real Madrid y un deportista modélico en el terreno de juego. De repente, un bajón en su juego y una lesión dispararon las habladurías. Las palabras del delantero dejaban muy bien a las claras lo que estaba sucediendo: «la vida de un futbolista de 20 años que sale por la noche de vez en cuando» no debe escandalizar a nadie, pero tampoco es el ideal de un jugador que ya comenzaba a llevar gran parte del peso del mejor equipo sobre sus hombros. Cualesquiera que fuesen las razones, Raúl se alejó de la máxima exigencia que requería su posición de líder indiscutible. Tras su espectacular productividad de las primeras temporadas creyó que podría seguir entre los mejores llevando la vida de un futbolista normal. Pero él no era un futbolista normal ni quería serlo. Después de aquellas manifestaciones, en las que dejó bien a las claras que los dos amores de su vida eran el balón y su novia, hoy su mujer, la conducta privada de Raúl fue intachable, al tiempo que un ejemplo para muchos de sus compañeros. La vuelta a los hábitos propios de su condición le convirtió en un jugador de leyenda.

Aunque se desvíen, los grandes jugadores siempre vuelven a sus principios, por eso son grandes.

El éxito es un opiáceo

El poeta y dramaturgo francés Louis Charles Alfred de Musset tuvo la ocurrencia de decir algo así como que «lo realmente importante no es llegar a la cima, sino mantenerse en ella».

Con independencia de si la cima es el lugar donde todos querríamos o deberíamos llegar, el acierto del aforismo radica en reflejar la tendencia tan humana de relajarnos cuando hemos llegado al sitio deseado. La explicación de esta conducta es bien sencilla. Todos los seres vivos buscamos el placer.

Los psicólogos Jeffrey Burgdorf y Jaak Panksepp descubrieron en 2001 que las ratas de laboratorio emitían una especie de risita alegre, inaudible para el oído humano, cuando las hacían cosquillas. Más allá todavía, cuando cesaba el contacto buscaban activamente esa sensación. Asimismo, un experimento de la Universidad de San Francisco con especímenes de la mosca *Drosophila*, publicado en marzo de 2012 en la revista *Science*, demostró cómo los machos rechazados por las hembras en celo consumían más alcohol que los que lograban aparearse. En resumen, se daban a la bebida. Privados de un placer se refugiaban en otro.

Del mismo modo, los seres humanos buscamos el placer de forma instintiva. Pero como, además, somos animales grupales y racionales, la satisfacción de las necesidades psicológicas relacionadas con la aceptación social y la autoestima, inherentes a nuestro ADN psíquico, nos generan bienestar. En román paladino, la sensación de éxito es placentera por pequeña que sea y el placer invita a la celebración.

Por añadidura, el estímulo motivador de conseguir lo perseguido cesa cuando el objetivo está en tu mano, por lo que necesita ser reemplazado por fines nuevos para que el proceso no se detenga. Es decir, aunque pueda parecer paradójico, el éxito es también el primer paso del acomodamiento, enemigo acérrimo del desarrollo de nuestros proyectos profesionales y personales.

> Los grandes jugadores no se dejan arrastrar por la euforia.
> Todos los triunfos tienen su fecha de caducidad: el día que se consiguen.
> No asumas la falsa creencia de que todo será más fácil o el
> acomodamiento irá carcomiendo tus principios sin que te des cuenta.

Precisamente, esta es una de las características del asunto de este capítulo. Al acomodamiento no se le ve venir. Como una *enfermedad*, como una *plaga*, empieza con pequeños síntomas que pueden ser detectados para atajar los males mayores, pero al mínimo despiste se extiende por todo el organismo y hay que aplicar un tratamiento de choque.

Utiliza la paciencia, pero no te detengas

Por suerte algunas veces y por desgracia otras, vivimos en una sociedad inmersa en un proceso de cambio vertiginoso y permanente en la que no caben los despistes duraderos. Como ya hemos comentado, la pausa es necesaria en muchas ocasiones para seguir corriendo con más criterio y energía, ya que te colocan en la situación necesaria para seguir avanzando.

Pero si quieres continuar en el partido no puedes detenerte. Por supuesto que tienes la opción, tan legítima como cualquier otra, de subirte a la grada y contemplarlo como espectador. No te sientas mal por ello, aunque la presión social en estos tiempos nos impulse hacia una competitividad excesiva que nos estresa o que, sencillamente, no nos gusta (pasando del tema, que diría un castizo).

Pero si lo que quieres y decides es continuar la remontada no tienes más remedio que moverte. El mundo se mueve y nosotros hemos de movernos con él.

«Como ves, hace falta correr cuanto uno pueda para permanecer en el mismo sitio», le dice la Reina de Corazones a Alicia en la obra de Lewis Carroll. La escena, que sirvió al biólogo Leight van Valen para dar nombre a las teorías con las que cuestionaba las de Darwin acerca de la evolución de las especies, es una metáfora del mundo moderno. Jackie Fenn, una especialista en innovación de la consultora de investigaciones Gartner declaró a la BBC que «el negocio es una escalera mecánica en movimiento. El mundo se mueve alrededor tuyo. Las expectativas de los consumidores están cambiando, los competidores están siempre alcanzándote y amenazando con quitarte el negocio».

Las circunstancias cambian de forma tan rápida que pueden llevarse por delante hasta profesionales del prestigio de Javier Mariscal, colaborador de Fernando Trueba en proyectos cinematográficos y el creador de *Kobi*, la mascota de los JJOO de Barcelona, un icono de la capital catalana. El estudio del famoso diseñador solicitó el concurso de acreedores en septiembre de 2014 y un año después apareció en la prensa declarando: «No lo supe hacer: la crisis se llevó por delante todos mis proyectos. Me arruiné y ahora estoy sin trabajo, haciendo de mantero» (*El País*, 20-X-2015).

Si no queremos quedar fuera de lugar, tenemos que movernos. El cambio fulgurante es hoy una certeza que hay que asumir. Quizá esta exigencia de réplica constante a la transformación de nuestra sociedad te parezca hasta opresiva, pero no deja de ser la actitud de los deportistas que triunfan: el deseo, casi obsesivo, de trabajar para que el avance no cese.

Chuck Daly fue el entrenador de los Detroit Pistons, los llamados Bad Boys («Chicos malos»), los dobles campeones de la NBA a finales de los 80. En uno de sus pasos por España tuve la oportunidad de escucharle contar alguna anécdota con la que animaba a los jóvenes —y no tan jóvenes— al trabajo sin fin en busca de la excelencia: «Semanas después de finalizar la temporada pasada recibí la llamada de Isaiah Thomas —el que fuera su base titular— que estaba ya en plena fase de preparación de la siguiente con un intensivo programa de tiro a canasta: "Entrenador, mañana tengo que asistir a la boda de un familiar, por lo que regresaré tarde a la ciudad. Necesito que me abráis el pabellón a la una de la madrugada para completar el cupo de lanzamientos de esta semana"».

> **Los grandes jugadores viven en el mundo de la Reina de Corazones. Si paras, te quedarás atrás.**

Pero tampoco hay que exagerar, no te alarmes. No somos versiones modernas de Sísifo, castigados para la eternidad a acarrear la pesada roca montaña arriba. Esta circunstancia de la permanente mejora, que en un análisis superficial podría aparecer como agobiante, no lo es tanto, más bien al contrario. Una vez que pones en marcha la remontada, su inercia te arrastrará casi sin que te des cuenta.

La mejora de nuestras capacidades es una fuente de motivación inagotable en sí misma, ya presente en los primeros aprendizajes de nuestra infancia y de la que ya hablamos en el capítulo IV. Desde el orgullo que mostrábamos a nuestros padres al escribir nuestras primeras palabras, hasta el momento en el que estás leyendo estas líneas y, modestia aparte, encontrando alguna idea o historia inesperada que te pueda ser de utilidad. Incluso tareas tan aparentemente banales como el mero hecho de completar un crucigrama o un sudoku nos producen satisfacción. Es este constante deseo de mejora el que mueve a los grandes campeones, pero también a muchos deportistas aficionados que cumplen o intentan cumplir sus pasiones y, por supuesto, a todas aquellas personas que hacen lo propio en otras facetas de la vida.

El brillante ingeniero de telecomunicaciones José Ramón Montejo es profesor de la Escuela de la Universidad Politécnica de Madrid, pero sobre todo, un relevante investigador. Junto con su equipo ha diseñado dispositivos que están orbitando en más de 25 satélites comerciales, aunque su mayor orgullo es su participación en tres misiones científicas de la Agencia Espacial Europea. Su equipo diseñó el diplexor del sistema de comunicación en X de la histórica sonda espacial Rosetta: el robot que transportaba, de nombre *Philae*, fue el primer artefacto de creación humana que se posó de forma controlada en un cometa.

Aparte de su sapiencia, es un gran aficionado al esquí de fondo, una especialidad técnica en grado sumo. «He encontrado el deporte perfecto que me permite disfrutar de la naturaleza junto con la sensación placentera del deslizamiento en la nieve y la percepción de la enorme mejora que voy consiguiendo con las muchas horas de práctica. Algo muy parecido al sentimiento que me proporciona el proceso de desarrollo de nuestros prototipos de comunicación vía satélite, desde su diseño hasta su puesta en funcionamiento.»

Lejos de ser una carga pesada, el afán de mejora es uno de los motores, no solo de los grandes jugadores, sino del progreso de la humanidad.

Que el descanso no te lleve al acomodamiento

Sin embargo, hasta las energías que nutren a los mejores atletas del mundo fluctúan y los síntomas de acomodamiento vuelven con la exactitud de las leyes de la física. Así que no te debes alarmar porque te suceda lo mismo, ya que la reacción de relajación o de hastío es la natural del ser humano. Por un lado, tanto el cuerpo como el cerebro necesitan periodos de descanso para que los procesos bioquímicos restauren el desgaste del organismo. El descanso forma parte del entrenamiento, que decía nuestro admirado preparador físico y forjador de personas, Francisco López, quien durante sus muchos años de entrenador preparó a un sinfín de atletas, tenistas, arqueros, futbolistas y jugadores de baloncesto. Y a estas alturas, como ya hemos comentado, numerosos estudios científicos revelan que el cerebro necesita periodos de refrigeración, así como prestigiosas consultoras de Recursos Humanos concluyen que el rendimiento de los profesionales aumenta con breves periodos de descanso después de, a lo sumo, 70 minutos de trabajo.

No te olvides de descansar: tu cuerpo y tu cerebro lo necesitan.

No solo necesitamos reposo. La consecución de cualquier meta por pequeña que sea, invita al festejo. Así que, dado que nuestro instinto es la búsqueda de la satisfacción y del placer y dado que contravenir la programación con la que venimos de serie no parece que sea muy saludable, voy a insistir en una recomendación que me agradecerás y que seguro que no se te olvida.

Cuando te pregunten acerca de este libro, seguro que recordarás esta: celebra con ganas, con pasión, cada vez que tengas un éxito. No te cortes, date caprichos. Disfruta cada instante de los momentos buenos y aprende a detectarlos. En ocasiones, embebidos por el trabajo constante y las preocupaciones de la existencia moderna que nos exige a ritmo de vértigo, pasamos por alto pequeños logros que no lo son tanto, sino fruto del desarrollo de nuestra pericia durante muchos años. Todos los días estás jugando un partido y todos los días anotas, asistes y obtienes victorias. Salta, canta, grita, escucha alguna de tus canciones favoritas, abraza a quien tengas al lado o vete al cine con alguien con quien te encuentres a gusto. **Pero vive la victoria.**

> **Nunca te olvides de celebrar: cada canasta, cada asistencia; cada pequeña victoria merecen su recompensa. No te prives de ella.**

Ahora bien, disfruta sin excesos duraderos, ya que en ellas radica un peligro: que las celebraciones nos desvíen del camino correcto. No te dejes engañar por las apariencias porque engañan, una vez más. El alcance de las metas suele acarrear una inercia favorable en la que la experiencia exitosa se puede repetir durante cierto tiempo, aun sin necesidad de los esfuerzos que nos condujeron a la consecución de nuestros objetivos. Una de las características del cerebro humano, imprescindible para la salud mental, pero que puede suponer una trampa, es su tendencia a arrinconar las experiencias negativas. Entraríamos entonces en el círculo vicioso del éxito que se prolonga por la fuerza de los impulsos anteriores, y que se mezcla, por añadidura, con las satisfacciones por los logros que se van obteniendo hasta crear una falsa creencia de que la situación permanecerá para siempre. En definitiva, la pérdida del sentido de la realidad, que tarde o temprano se romperá por completo para mostrarte la crudeza de un fracaso rotundo: estás muy lejos de tu destino. En resumen, no te confíes demasiado con las rachas de éxito, porque no se prolongarán sin la aplicación de la receta que te llevó hasta ellos.

> **Graba esto en tu memoria: las buenas rachas no existen, solo existe el trabajo.**

La conclusión parece clara. Tenemos partido todos los días y no queda más remedio que pelearlos todos. La carrera profesional no es una competición copera, de momentos. Es el campeonato de la regularidad, como bien manifestó *un tal Marcos*, ignoro cuándo ya que lo leí en la prensa, en un artículo firmado por Tomás Roncero en el diario *As* (19-10-2015): «Llorente, igual que su padre Paco».

> El joven futbolista cumplió uno de los sueños de su vida al debutar con el Real Madrid en competición oficial en el estadio Santiago Bernabéu el 17 de octubre. Acto seguido se dirigió a casa de sus padres, con los que vive, y se sentó en un sofá al lado de su cachorro *Keidi*. Preguntado si se iba a quedar ahí mucho rato, respondió: «No hay nada que celebrar porque todavía no he hecho nada. Hay que seguir trabajando».

Me imagino que los avezados lectores que disfrutan con estas líneas habrán reparado en que K. D. es el alias en acrónimo, de sabor tan estadounidense, del jugador de baloncesto Kevin Durant. O sea, que el cachorro se quedó con *Keidi*. Que dicho así suena entre la niña de los Alpes y *El Libro de la Selva*.

Ya me disculparás que hable de mi familia, pero, volviendo al hilo argumental, seguro que entiendes mi debilidad, tanto por mi sobrino como por la actitud que reflejo en este comentario y que nos viene como anillo al dedo. El triunfo de un partido, en ocasiones, solo ha de suponer más energía para el reto del día siguiente.

> Tenemos partido todos los días: la profesión, la vida en general, es una carrera de regularidad. Hay que pelear todos los días para lo bueno y para lo malo.

Los fallos te ayudarán a ser más crítico

Aunque a primera vista este esquema de competición es mucho más exigente, en realidad es más justo y te concede más oportunidades. No importan tanto las derrotas, pues si las afrontas como una parte del proceso tendrás nuevas oportunidades a la vuelta de la esquina. Los fallos forman parte del proceso. Es cierto que es más placentero progresar con las victorias, pero saca ventaja de esta circunstancia: mientras que los triunfos tienden a ocultar los fallos, las derrotas nos vuelven más críticos y analíticos.

Por eso, tan importante es no recrearse en las victorias como no flagelarse en las derrotas. Acéptalas para analizarlas y convertirlas en motivación para el siguiente objetivo. Demuestra al mundo y demuéstrate a ti mismo que puedes hacer las cosas mejor. No pierdas más tiempo ni energía de las necesarias. Lo hecho, hecho está, y a otra cosa, mariposa. Cierra la puerta de las derrotas. Cuanto más tiempo transites en el **laberinto del error, más energía gastarás sin ningún tipo de progreso.**

No pierdas tiempo lamentándote. ¡No entres en el laberinto del error!

En resumen, tengo dos noticias para ti. Una mala: tenemos partido todos los días; no hay demasiado tiempo para la distracción; y una buena: tenemos partido todos los días, las posibilidades de obtener victorias son muy elevadas. Recuerda esto: un campeón no es el que menos veces se cae sino el que más veces se levanta. La vida es una competición de regularidad y el triunfo es un dominio que hay que defender, como cualquier territorio conquistado. Y no lo olvides:

El éxito contiene un componente tóxico y adictivo que es capaz de narcotizar a las personas más experimentadas.

La leyenda del baloncesto Kareem Abdul Jabbar se retiró a los 42 años como el máximo anotador, taponador, reboteador defensivo y el que más minutos había jugado en la historia de la NBA, además de ser el jugador más veces elegido como MVP (*Most Value Player*). La suya fue una carrera prodigiosa a la que no se atisbaba final, ya que su rendimiento cumplidos los 40 seguía siendo extraordinario. Sin embargo, su última temporada bajó notablemente sus promedios y decidió poner fin a su carrera deportiva. Preguntado por la causa de su decadencia, el pívot que dominó la liga norteamericana durante tantos años contestó: «Simplemente, me relajé en verano y no trabajé lo necesario. Me paré demasiado tiempo, un lujo que un cuarentón no se puede permitir».

El país de la Reina de Corazones no cesa…

El influjo del entorno

Ya se trató en el capítulo anterior de forma exhaustiva la gran influencia que el entorno ejerce sobre nuestra forma de actuar, pero no está de más subrayarlo como una de las causas más frecuentes de acomodamiento. Somos muy sensibles a la presión social, por eso romper las dinámicas establecidas puede conducirnos a situaciones incómodas, incluso desagradables. En esos momentos, recuerda la máxima de que *el baloncesto es un juego individual*. Sumergirte en la rutina de los que te rodean puede adormecerte, así que no delegues la responsabilidad de tu comportamiento ni las consecuencias de tus hábitos de conducta en quienes dominan tu entorno pues podría tener consecuencias negativas para ti. Hacer las cosas de la forma que te marcan quienes están a tu alrededor o con la misma dedicación sin analizar si es lo más adecuado y, sobre todo, si es lo mejor en tus circunstancias, podría suponer un estancamiento, cuando no un retroceso en tu evolución. Y el mundo se mueve rápido, muy rápido…

Otras causas de acomodamiento

No solo el éxito puede ser una causa de acomodamiento, también el fracaso continuado. Cuando esto sucede, lo más probable es que no hayas calibrado bien el objetivo y que esté fuera de tu alcance porque te has planteado un objetivo desmedido. Así que toca revisarlo y rehacerlo. Y, en su caso, rechazarlo. Con sinceridad, pero sin complejos. Mejor buscar nuevos retos que apalancarse, ya que la pereza es otro factor que nos puede frenar con cierta frecuencia. Al fin y al cabo, todos tenemos que aprender dónde están los límites de nuestro talento.

En ocasiones, la imposibilidad de mejora puede deberse a la falta de medios a tu alcance para realizar las tareas que se te exigen y decidas quedarte dentro de esa zona, que hoy está tan de moda, llamada de **confort**. En ella nos sitúan también el miedo a tomar decisiones, la sobreprotección, el entorno, la falta de amenazas, la costumbre, etc.

El halago, una moneda de dos caras

Aunque algunos cenizos de la vida que solo se enfocan en la parte negativa sostengan que el halago debilita, esta sentencia no es ni mucho menos del todo cierta, como lo prueba el hecho de que muchas de las empresas que son referentes en sus sectores sigan manteniendo altos estándares de calidad por más premios que reciban. Es de sobra conocido que el reconocimiento es un generador de motivación a todos los niveles. Pero aún más, el reconocimiento externo desemboca en la creación del prestigio, una obligación que cualquier profesional responsable busca mantener. Por otro lado, es cierto que el halago constante y sin sentido puede ser la cara de hojalata y poner en marcha el círculo vicioso del éxito, así que continúa leyendo.

Cómo luchar contra el acomodamiento

Seguro que si has leído las líneas previas de forma sosegada y reflexiva se te han ido ocurriendo algunas de las soluciones que pueden funcionar. Ya que el entorno y el círculo vicioso del éxito son los principales motivos que te acechan, nos centraremos a continuación sobre ellos.

Los valores, el principal antídoto. **Los valores** son el principal antídoto contra el acomodamiento. Ya hemos visto que las reacciones de relajación ante el triunfo entran dentro de las reacciones instintivas de nuestra especie. Así que no te alarmes cuando se te ponga cuerpo de jota después de hacerlo bien. Lo que hay que evitar es esa prolongación del estado de euforia que narcotiza nuestro sentido de la realidad.

Unos sólidos principios, la humildad, la responsabilidad y la creencia de que sin la dedicación necesaria cesarán los resultados, todo ello es necesario para no perder la perspectiva del camino recorrido y del que falta por recorrer. Como dijo el premio Nobel de Literatura, Jacinto Benavente: «En la pelea se conoce al soldado; solo en la victoria se conoce al caballero». Y como repite el papa Francisco a sus allegados: «Rezad para que no me lo crea».

> Los valores son el principal antídoto contra el acomodamiento.
> Revísalos y refuérzalos de forma constante.

Mantente activo y alerta. Analiza y mide. Sin embargo, aun cuando tengamos estos principios instalados y asumidos en nuestro comportamiento, las distracciones nos pueden asaltar. Mantente alerta y tranquilo después de la consecución de los objetivos. Adquiere el hábito de analizar lo sucedido antes y durante para saber realmente dónde estás y por qué. Los deportistas utilizamos diariamente sistemas de medición para conocer nuestro estado de forma. Comparamos el resultado con los obtenidos en los entrenamientos anteriores, incluso en temporadas anteriores. Y evaluamos sin cesar.

Ya habíamos hablado en el capítulo VI de la importancia de analizar y medir para calibrar el avance mínimo que nos estimule la motivación El pequeño progreso es un estímulo constante. Ahora da un paso más y observa la otra cara de la moneda: el mínimo retroceso en los datos es la señal de alarma. Se trata de medir, no para observar el avance diario, sino para evaluar una trayectoria. Recuerda: el acomodamiento es como la carcoma, si no actúas preventivamente, verás sus efectos pero no al insecto que las causó. Solo a sus larvas que continúan con su labor devastadora.

En ocasiones, las señales de alarma se escapan sin ser detectadas incluso en los equipos con más medios. En el momento de escribir estas líneas (abril de 2016) el Madrid ganó en el Nou Camp contra todo pronóstico y rompió una racha del FC Barcelona de 39 partidos sin derrota. Apenas diez días después el Atlético de Madrid lo eliminó de la Liga de Campeones y el Valencia le doblegó para colocar la liga en un pañuelo. Todo se produjo de forma tan sorprendente como brusca. Sin embargo, un vistazo a los dos meses previos revela una serie de victorias por la mínima y un juego inconsistente solo resuelto con la brillantez de sus individualidades. Las larvas ya habían hecho su trabajo de demolición en el que se consideraba el mejor equipo del planeta. Aun así, y no con ciertas dificultades, el equipo fue capaz de rehacerse y terminó ganando el campeonato nacional de Liga y la Copa del Rey. Pero el acomodamiento les impidió conseguir el premio al que todos aspiran, la Champions League.

El estado de forma, o sea, el rendimiento, se puede estimar con bastante aproximación. Me dirás que en el deporte es mucho más fácil y que hasta en ocasiones se puede medir con exactitud. Es cierto, hay muchas mediciones que son exactas y no admiten discusión: el tiempo en el que se corre un kilómetro, los kilos que se levantan con las pesas o el porcentaje de acierto en los tiros libres. Pero la productividad de un jugador de baloncesto, como la de la mayoría de los profesionales, depende de tal cantidad de factores físicos, técnicos, psicológicos y emocionales que no existe una ecuación que lo evalúe con exactitud. En consecuencia, hemos de acudir a una compleja valoración comparativa que nos orienta, pero que en ningún caso nos ofrece la receta definitiva porque sencillamente, no existe. Lo que sí te puedo asegurar es que, como un jugador de baloncesto, tienes a tu alrededor multitud de indicios que te señalan cómo estás y por dónde vas. La mayoría de las veces solo hay que querer verlos.

Plantéate retos cortos de forma permanente. O la importancia de las metas cortas para no caer en la complacencia. No perder dos partidos seguidos o no relajarse con tres ganados eran algunas de las metas que Phil Jackson marcaba a los Chicago Bulls de Michael Jordan. Si te parece excesivo para ti, piensa que el fútbol, el balonmano y el baloncesto se juegan todas las semanas. Los jugadores se examinan con frecuencia con el estrés añadido de que lo hacen en público. Y muchos otros profesionales lo hacen de la misma forma, incluso diariamente. Compórtate de la misma manera y evalúate. ¿Por qué tú vas a ser menos?

> Márcate tú también objetivos diarios, semanales, mensuales, trimestrales y anuales y analiza cómo los consigues. Además de medirte estarás entrenando tu voluntad.

Es un juego divertido. La encuesta anual de 2015 sobre profesiones felices efectuada por Adecco de la que hablábamos en el capítulo II colocaba a los deportistas en el primer lugar de la lista de profesionales satisfechos con su trabajo. Y creo que este es uno de los principales motivos. Cada entrenamiento es un desafío en el que nos comparamos con otros, pero sobre todo con nosotros mismos, por lo que tenemos muchas oportunidades de conseguir pequeños triunfos. Un estímulo constante, un juego infantil que no se detiene. Como suele comentar Juan Luis Arsuaga, el eminente paleontólogo codirector del yacimiento de Atapuerca: «El ser humano tiene la suerte de que le encantan los retos».

Y esto lo digo yo, que no soy ni paleontólogo ni eminente, pero un reto no deja de ser un juego. Y ¿quién quiere dejar de jugar a lo que le gusta? Por eso, la mayoría de los deportistas profesionales no nos retiramos. Nos retiran cuando ya no podemos cumplir con lo que se nos exige.

> Haz como los deportistas, convierte tu día a día en un reto.

Sin darte cuenta, estarás asimilando una forma de actuar altamente productiva, al tiempo que divertida. Si por añadidura adquieres el hábito de analizar lo que vas haciendo y de ponerlo en perspectiva, tu sistema de detección de la relajación estará alerta de forma constante para evitarla. Ya tienes otro de los ingredientes imprescindibles para ser un profesional de alto rendimiento.

Y por si algún día te despistas, sigue leyendo…

Créate un entorno crítico y protector. Tan importante es el entorno en el que te mueves que ha merecido tratamiento aparte en este libro. Por eso me gustaría cerrar este capítulo relacionándolo con el anterior. Uno no elige a sus padres, a sus educadores, ni los lugares en los que transcurren los primeros años de la vida. En cierta forma, gran parte de nuestra forma de actuar deriva de este periodo, pero llega un momento en que tenemos que tomar nuestras propias decisiones. Ya no valen las excusas. Recuerda: el entorno adulto te lo puedes crear tú. Tú eliges tus amigos, tus consejeros y tus círculos.

Estrecha lazos con personas sensatas, con principios honestos y sólidos. No solo eso, también que no tengan reparo en decirte lo que piensan de lo que haces. Si pueden ser de diferentes ámbitos mejor. Te ayudarán a ampliar los puntos de vista. Los mundos endogámicos no solo son enemigos del progreso sino que suelen hacernos perder la perspectiva.

Sobre todo si tienes responsabilidades, *rodéate de críticos, no de obsecuentes incondicionales.* Tu misión es crear un clima de comunicación en el que cualquiera pueda explicarse con claridad. No es suficiente con pronunciar la sospechosa frase «la puerta de mi despacho siempre está abierta». Hay que invitar a pasar y sobre todo asegurar al huésped que no se le pasará ninguna factura de su estancia. Ya hemos comentado que a la mayoría de las personas nos cuesta decir lo que pensamos, sobre todo si creemos que el mensajero será ejecutado. Si la gente que está a tu alrededor no puede expresarse con libertad, el principal perjudicado serás tú. Si creas un entorno de miedo y recelo porque siempre tienes razón, si vas matando o arrinconando mensajeros, si pones muchas barreras, nadie te advertirá de tus errores ni siquiera te sugerirá cómo mejorar las situaciones: la barrera terminará cayendo sobre tu cabeza.

No pongas barreras a tu entorno pues tu entorno ha de ser tu control de calidad.

X
CUANDO ESTÁS
EN EL BANQUILLO

Los Juegos Olímpicos de Seúl (1988) fueron mis últimos juegos y no puedo decir que me luciera. Relegado a un segundo plano, apenas pisé la cancha, lo que para un deportista siempre es una circunstancia frustrante, sobre todo cuando estás acostumbrado a hacerlo y sientes que puedes participar para ayudar al equipo.

Pero el hecho es que rasqué poca bola. Había jugado una notable temporada con el Real Madrid, nos habíamos clasificado para los juegos en el preolímpico y me había esforzado al máximo en la preparación de los juegos para cumplir con lo que se me pedía. En resumen, había hecho todo lo que estaba en mi mano. Más aún, estaba por tercera vez donde cualquier deportista querría y, por ende, rodeado de unos compañeros con los que había compartido muchas horas de éxitos y unas cuantas de reveses, lo que dicho sea de paso unen todavía más que las victorias. Sin embargo, me sentía poco menos que el cautivo de Góngora, amarrado al duro banco.

La esperanza se desvanece cuando se traspasan los límites que se consideran aceptables. Así que, en un momento determinado, me di cuenta que lo más probable era que el entrenador, Díaz-Miguel, no me liberara de la pena del galeote. Estaba condenado a ver los partidos desde el banco. Por desgracia, el olfato del veterano no falló, pero si bien aquella reflexión admonito-

ria no desvió mi suerte, sí cambió mi humor y, en cierta forma, mi futuro inmediato.

Harto ya de estar triste y decidido a no esperar más tiempo lo que quizá nunca iba llegar, medité acerca de todas las cosas positivas que tenía a mi alrededor. Al fin y al cabo, mi madre y Mari Luz habían venido a verme; de vez en cuando teníamos un rato para hacer turismo en un país exótico y todavía seguíamos en competición. Así que, de aspirante a jugador pasé a analista en el banquillo, intentando desde allí apoyar a mis compañeros con lo que los técnicos no veían. Un par de ojos de más nunca vienen mal. Y comencé a doblar las sesiones de entrenamiento. Por un lado, quería estar al máximo nivel si se me presentaba la oportunidad y, por otro, a la vuelta de la esquina comenzaba una nueva temporada en el Real Madrid que se presentaba apasionante con el fichaje de Petrovic.

Además, al girar por completo la situación enterré la carga negativa que condicionaba la mayor parte de mis horas y comencé a disfrutar de la experiencia única de compartir las vicisitudes de todo el equipo olímpico español y de muchos deportistas de todo el mundo. La villa olímpica es una pasarela sin igual por la que desfilan arquetipos de todas las razas, peso y estaturas; desde los lanzadores de atletismo a los pesos mosca ligero de boxeo, pasando por Sabonis y las minúsculas gimnastas. Con solo darte un paseo tienes la oportunidad de cruzarte con alguna de las estrellas del deporte mundial como eran entonces las tenistas Steffi Graff, Gabriela Sabatini y Arancha Sánchez Vicario, el policampeón europeo y olímpico y mundial de salto de altura, el alemán Dietmar Mögenburg y el equipo de baloncesto soviético, con el que compartimos —Biriukov mediante— la celebración de su histórica medalla de oro.

Por si fuera poco, tuve la fortuna de coincidir con dos de las estrellas del atletismo estadounidense, Carl Lewis y Edwin

Moses, el atleta que leyó el juramento de los deportistas en la ceremonia de los Juegos de Los Ángeles, una de las figuras que más he admirado tanto por su impresionante palmarés como por su educación. Estuve cenando al lado de este graduado en Física y Matemáticas que permaneció imbatido durante nueve años, nueve meses y nueve días en los 400 metros vallas. El día que fue derrotado, el 4 de junio de 1987, me encontraba en la grada del ya demolido estadio Vallehermoso. Horas después de la carrera, en su residencia de Los Ángeles confesó estar impresionado por el comportamiento del público que le ovacionamos sin cesar en la fase de relajación posterior a la carrera, en cada una de las cerca de veinte rectas que cubrió sobre la hierba del estadio. Agradecido por lo que vivió declaró que nunca olvidaría al público de Madrid al que había visto llorar. Yo fui uno de ellos.

Con aquellas sensaciones agridulces terminé la que fue, sin que lo supiera, mi última experiencia en unos juegos olímpicos. Aunque conseguimos un diploma olímpico, casi nada terminó bien desde el punto de vista deportivo, pero aterricé en Madrid preparado desde todos los puntos de vista para el reto de una nueva temporada que me esperaba con el marcador a cero.

El banquillo, un gran freno para la remontada

Tarde o temprano todos pasamos por el banquillo. En algún momento de nuestra vida nos toca aprender de otros, realizar tareas para las que estamos sobrecualificados o esperar nuestra oportunidad de demostrar de lo que somos capaces, mientras otros ocupan el lugar que anhelamos. Cuando no, directamente, nos dan con la puerta en las narices.

La historia está plagada de casos en los que parece inexplicable que los responsables fueran incapaces de detectar el talento de futuras estrellas. Vaya usted a saber si las frases que han quedado se pronunciaron como nos cuentan, pero en 1978 un tal Clifton Pop Herring descartó a un adolescente de 15 años de nombre Mike para el primer conjunto de baloncesto del Instituto Laney con la demoledora frase de: «Tu sitio está en el segundo equipo». Años antes, en 1962, tras la prueba que efectuó un grupo de cuatro entusiastas y nerviosos jóvenes el dictamen de Rick Bowe y Mike Smith, responsables de la música pop de la compañía discográfica Decca fue: «No nos gusta cómo suenan. Los grupos de guitarras ya se están agotando». En su lugar contrataron a un grupo londinense, **Brian Poole and The Tremeloes,** que había grabado ese mismo día y que, pensaron, les ahorraría gastos en el desplazamiento de los equipos.

El tal Herring y los directivos de la Decca pasarían el resto de su vida con el sambenito de ojeadores visionarios y dando explicaciones de por qué rechazaron a Michael Jordan y The Beatles, que con el paso del tiempo se convertirían en quizá el mejor deportista y la banda más influyente de todos los tiempos. Aunque quizá también, mire usted por dónde, el asunto terminaría por venirles de perlas a los descartados. Cuentan que después del rechazo, Jordan se puso a entrenar como un poseso hasta el punto de que apenas cuatro años después comenzó a escribir su leyenda al rubricar el tiro que dio el título del campeonato nacional universitario de Estados Unidos a la Universidad de Carolina del Norte. Por su parte, de haber sido captados por Decca, los Fab Four no hubieran conocido a George Martin, el músico que pulió su talento y encauzó su enorme creatividad hasta convertirlos en los clásicos por excelencia de la música popular de nuestro tiempo. El grupo que cambió la historia de la música pop.

A nadie le gusta pasar por el banquillo, aunque a la larga te pueda venir bien. «Pero cómo me excluyen a mí de este proyecto que soy el que más sabe y se lo encargan a fulánez que es un enchufado» o «cómo me mandan hacer este trabajo que lo puede hacer cualquiera, con lo bueno que soy». La sensación de fracaso te amarga la vida en un primer momento y es uno de los primeros frenos de la remontada. Pero nunca tendríamos que perder de vista que en la mayoría de las ocasiones la sartén no está en nuestra mano y que la tortilla da muchas vueltas y, en numerosas ocasiones, de forma súbita. Y lo mejor que puedes hacer es estar dispuesto para cuando esto suceda.

Lo que ocurre cuando te sientan en el banquillo

Lo normal al sentirnos rechazados es que nos invadan los pensamientos negativos. Más allá de la amarga sensación que de forma habitual acompaña al fracaso, se suman en ocasiones condicionantes emocionales que provocan que el rechazo nos afecte de forma muy personal. «Prefieren a otros antes que a mí», «Con lo que yo he dado a la empresa», «Así me recompensan tantos esfuerzos» son algunas de las muchas frases que te rondan la cabeza. La frustración se mezcla con el desencanto emocional.

Algo así ha debido de pasar por la cabeza y el corazón del que fuera durante muchos años delantero centro de la selección española, Fernando Torres. Con motivo de la excelente temporada que estaba completando con el Atlético de Madrid en 2016, fue preguntado por los medios, tras el partido contra el Bayern de Munich de la semifinal de la Liga de Campeones, sobre una posible vuelta a la selección: «Creo que he hecho méritos, como otros muchos que no van a estar. Pero prefiero no hablar de la selección porque hace dos años que no formo parte de ella», contestó de forma un tanto evasiva. El periodista, que se percató de que había filón con el asunto, insistió, con lo que el delantero remató: «Ni pido que me llamen ni que no. Lo que me habría gustado me lo quedo para mí, porque no quiero que mis palabras sienten mal a la selección. No tengo problemas ni con Vicente ni con el cuerpo técnico».

La respuesta cuadra perfectamente con el estilo cortés y deportivo del que siempre ha hecho gala Torres, pero también revela que no se siente bien tratado por parte de alguien, la federación como última responsable. Intuyo que después de una impecable hoja de servicios, lo que espera alguien que ha sido internacional desde la categoría sub-16 no es un largo silencio y quizá ni una llamada de explicación o agradecimiento. Así que lo normal es que, tras el desencanto, nuestro interés y nuestra dedicación decaigan, incluso que en ocasiones cesen totalmente y desechemos el objetivo causante de la frustración.

Esta es una de las primeras consecuencias cuando nos sientan en el banquillo, la generación de sentimientos negativos contra quienes nos rodean: jefes, compañeros, incluso subordinados pueden ser objeto de nuestro rencor y marcar nuestras decisiones.

El futbolista portugués Luis Figo declaró a *FT Magazine* como causa de su salida del FC Barcelona que «el presidente Núñez no me trató bien, me puso furioso. Aunque pasaron los días, yo seguí caliente e irritado porque los responsables del club no me valoraban». Diferente presidente, pero los mismos sentimientos, le impulsaron a dejar el Madrid. En este caso el portugués señaló a Florentino Pérez como el principal responsable de su marcha: «No aguanté porque era un jugador al que el presidente no quería. No sé qué cambió pero, de un momento a otro, me fui al banco sin ninguna explicación. Fue una forma de hacerme daño, por eso me fui», manifestó.

En mi vida deportiva he visto a muchos compañeros tomar decisiones por sentirse infravalorados o injustamente tratados e, incluso, yo mismo en alguna ocasión hice lo mismo, como os he comentado.

Otras veces, la reacción es contra ti mismo por no estar a la altura de las circunstancias: «Esto no es para mí», «Nunca lo conseguiré, lo mejor es que me dedique a otra cosa».

Y en el caso de que no tiremos la toalla, con frecuencia disminuye nuestro rendimiento y nuestra energía cuando nos colocan en la recámara. Es normal, ya que no tenemos ningún objetivo inmediato a la vista y sobre todo no nos sentimos valorados. Es decir, algunas de las fuentes que estimulan de forma más enriquecedora nuestra motivación están ausentes por los motivos que sean.

Por desgracia, el desencanto con los proyectos que hayamos emprendido desemboca en ocasiones en una gran insatisfacción y pérdida de autoestima que deriva en graves problemas personales. Hay muchos ejemplos de deportistas que no han sabido superar situaciones adversas no solo en su trayectoria deportiva, sino en la dura adaptación que para los profesionales del deporte supone el tránsito a una nueva forma de vida para la que no están preparados en absoluto. Los porcentajes de fracaso en la integración a una nueva vida laboral son tan elevados que, en la actualidad, constituye uno de los temas que más preocupan tanto a las asociaciones de deportistas como a los organismos nacionales e internacionales del deporte. Lamentablemente, algunos de ellos llegan incluso a quitarse la vida.

En resumen, el banquillo nos puede provocar sentimientos negativos a) en contra de quienes nos rodean, ya sean jefes, compañeros o subordinados (no me valoran, no me apoyan, no me ayudan…) y b) contra uno mismo (soy una ruina, nunca lo voy a conseguir…).

Y los efectos de estos sentimientos pueden reflejarse:

a) en nuestra actividad: disminución de la energía, disminución del rendimiento...

b) nuestra vida social y privada: insatisfacción, infelicidad, miedo a la pérdida del prestigio, afectación grave de las relaciones familiares o de pareja.

Por qué nos invaden los pensamientos negativos

La reacción más inmediata y casi inevitable cuando nos condenan a la suplencia es una frustración que tiene que ver con las expectativas que tenemos y con esa tendencia tan innata —como en ocasiones maldita— de nuestro cerebro de comparar todo lo que sucede a nuestro alrededor con lo que nos sucede a nosotros.

Es decir, cada vez que tomamos una decisión estamos anticipando lo que va a ocurrir, y cuando sucede, **comparamos** lo acontecido con lo anhelado de **manera inevitable**. Aquí es donde pueden comenzar los problemas en la medida en que seamos capaces de asimilar o compensar la nueva situación.

Somos animales comparadores.

Cómo evitar que el banquillo nos perjudique

Formulémonos una pregunta muy sencilla de forma sincera: si tanto tú o yo como nuestra familia fuéramos pobres, mujeres, homosexuales, extranjeros, miembros de una minoría, disidentes o estuviéramos enfermos o discapacitados, ¿en qué época anterior nos hubiera gustado vivir? ¡En ninguna! Todas las respuestas a estas preguntas serían una: ahora, ahora y ahora. Ahora somos ciudadanos —no súbditos— con derechos, libertades y protección. Desde luego, hay mucha gente que sufre y hacer un buen juicio del presente es compatible con reconocer el dolor, trabajar para eliminarlo, ser solidario y tener una filosofía y una ética compasivas. ¿Por qué nadie percibe que estamos en el mejor momento de la historia? Los hechos son una cosa y la percepción que tenemos de ellos es otra.

Como seguramente habrás advertido, un pensamiento de tal profundidad no puede ser mío. He jugado un poco al engaño al no destacar esas palabras (ya me vas conociendo por introducir variantes y ser menos autómata, o sea, más creativo). Son palabras que ha repetido con frecuencia en los últimos tiempos el filósofo y Premio Nacional de Ensayo de 2004 Javier Gomá Lanzón. Dicho de otra forma, y aunque hay todavía derechos que conquistar cualquiera de nosotros tiene mejor atención médica, acceso a más alimentos, más posibilidades de ocio (incluido viajar), menos frío en invierno, más acceso a todo tipo de información y conocimiento y una vida más saludable que Felipe II y Napoleón, por citar a los dos personajes más poderosos de su tiempo.

Una tendencia que puede confundir nuestra objetividad de juicio es la de imaginar que todo tiempo pasado fue mejor, como de forma magistral relata Woody Allen en *Midnight in Paris* donde hace viajar al protagonista desde la actualidad a su soñado

París de los años 20. Allí se enamora de una encantadora chica con quien experimenta otro salto en el tiempo que conduce a la pareja a la Belle Époque y decide quedarse en ella, el periodo de la historia con el que siempre soñó. Entonces, el protagonista se da cuenta de algo que siempre había pretendido ignorar: el presente es prosaico y decepcionante al compararlo con los mundos que mitificamos. Y de la misma forma que cualquier tiempo pasado puede ser añorado como mejor, cualquier suceso de nuestra vida puede ser insatisfactorio y sumirnos en la nostalgia si lo comparamos con los mundos de fantasía que diseña nuestra imaginación.

Es decir, volviendo a la frustración de nuestra remontada por la que habíamos comenzado, ya que la comparación de nuestro destino con la situación en la que estábamos o la que anhelamos se hace inevitable, de alguna forma hemos de compensar la experiencia aciaga para que la energía vuelva con nosotros. De otro modo, si nos dejamos invadir por las reacciones negativas que hemos comentado más arriba nuestra motivación se detendrá. Por eso mis sugerencias son las que siguen:

1. *Analiza la situación; identifica las causas de tu malestar.* En ocasiones el afán de perfeccionismo o la aspiración de lograr exactamente lo que queríamos nos impiden ver lo que tenemos. Tienes mucho pero quieres más, cuando hace no tanto te hubieras conformado con bastante menos. Cada vez que conseguimos algo queremos dar un pasito más. Está bien esta actitud, pero no nos amarguemos porque no suceda así. La vida es un regalo, nos contaba María de Villota en su inspirador libro, ella que perdió su sueño de pilotar un Fórmula 1 al poco de conseguirlo.

Quiero decir con esto que en muchas ocasiones la causa de nuestro malestar radica en que nos centramos en detalles de mayor o menor importancia, pero detalles al fin y al cabo, que nos absorben la vitalidad. Pasé una primera mitad de los Juegos de Seúl bastante enfurruñado hasta que me dije, bueno, estoy en mis terceros JJOO, mi madre y mi novia han venido a verme, así que no voy a amargarme por algo cuya decisión no depende de mí. En resumen, analicé las causas de mi decepción y resolví apartarlas a un lado. Si te dejas arrastrar por los pensamientos negativos, tu remontada se frenará en seco.

Desde entonces todo fue mejor, incluso me reí en el banquillo. En aquel torneo de Seúl el jugador base titular de la selección fue mi enemigo-amigo Nacho Solozábal. El base azulgrana estaba en un gran momento de madurez y a Antonio Díaz-Miguel siempre le había gustado tener un director de juego en el que depositar toda su confianza. De forma que José Antonio Montero jugaba poco y un servidor era el protagonista de ese capítulo. Me pasé casi todos los partidos en el banquillo. Un cojín me hubiera venido de perlas.

Mi colega de fatigas, Jose Montero —conocido así en el mundo de la canasta, sin acento en la e— es un tipo de una aguda inteligencia a la que acompaña un ácido sentido del humor y una estimable capacidad para imitación. O sea, un compañero perfecto para las concentraciones largas. El caso es que durante los partidos, además de estar atentos a todo lo que sucedía, de vez en cuando nos distraíamos con algún detalle ajeno al drama. Como cuando el entrenador, Antonio Díaz-Miguel, que vivía los campeonatos con una gran intensidad, perdió las gafas en uno de sus muchos saltos en la banda.

Habida cuenta de que la mayoría de quienes se sentaban en el banquillo era gente de más de dos metros (es un hecho comprobado en los equipos de baloncesto que rondando y superando esa estatura llega menos sangre al cerebro) y entrenadores (sin comentarios) embebidos en el partido, no tiene nada de particular que nadie reparase en el cambio de localización de los anteojos: del rostro del entrenador a la línea de banda. Excepto Jose y yo, claro, que siempre nos sentábamos juntos y estábamos a la que saltaba. Enseguida nos dimos un codazo y nos lanzamos una mirada de complicidad: ahí había momento para el recuerdo. Trascurridos un par de segundos, en vista de que nadie reaccionaba y de que las antiparras corrían serio peligro de ser pisoteadas por una zapatilla del 49, advertimos a Wayne Brabender (por aquel entonces en labores de ayudante), inmerso en el juego que se desarrollaba en la parte opuesta de la pista, hasta sacarle de su concentración: «¡Wayne, las gafas!», «¿Eh?, ¿las gafas? ¿Qué gafas?», contestó sorprendido. «Las gafas de Antonio», insistimos señalando de nuevo el lugar donde se encontraban. Rápidamente fue a por ellas y se las entregó a su legítimo propietario. Cuando Antonio se puso las gafas para seguir dando brincos, nos dimos cuenta de que ¡le faltaba una lente! Contuvimos la respiración a la espera de los acontecimientos. Pero Antonio, que antes no había reparado en que se le habían caído, mal iba a darse cuenta de que le faltaba una lente. Y ahí sí que ya no pudimos contener la risa. ¡La escena de Díaz-Miguel completamente absorto con lo que estaba ocurriendo en el parquet, con las gafas puestas con un solo cristal era para partirse el pecho de risa!

Aun así, dando muestras una vez más de nuestra ínclita profesionalidad, enseguida reprimimos el regocijo y dimos la voz de alarma para que, entre todos, fuéramos «En busca de la lente perdida», lo que no tardamos mucho en conseguir ya que se encontraba… debajo del banquillo.

En un banco de baloncesto siempre hay presión, así que no está mal aligerarla. Siempre he dicho que cuanto más lejos se está de intervenir en el juego, peor se pasa. Así que se pasa peor en el banquillo que jugando, y de entrenador que de jugador. Y seguro que se pasa peor de presidente. Pero en el baloncesto tienes que estar preparado para intervenir en cualquier momento, por lo que mantener la tensión justa no es fácil. Y frivolizar un poco acerca de lo que pasa es una forma de dejar escapar parte de la tensión que se acumula. Salvo contadas excepciones, no hay nada tan importante que no pueda ser tratado con distancia y humor. Así que, creo que esta es una buena metáfora de cómo afrontar determinado tipo de situaciones adversas, en las que nos parece que solo puede ir peor.

Yo, por mi parte, además de no perder el humor, cuando comprobé que no iba a jugar demasiado en aquellos JJOO empecé a frecuentar el gimnasio y a correr por mi cuenta. Apenas llegar a Madrid tenía que reunirme con mis compañeros del Real Madrid y comenzar un nuevo ciclo. Así que después de esta historia, lo que te puedo decir es que, al igual que buscamos las gafas de Díaz-Miguel, *Always look on the bright side of life.*

2. *Busca siempre el lado positivo de lo que te está ocurriendo.* Como la canción de Monty Python, cuyo estribillo simplón y pegadizo es uno de mis favoritos. Tan cierto como que esta idea te puede parecer muy manida es que la olvidamos con frecuencia.

El célebre violonchelista Gregor Piatigorski cuenta en su autobiografía cómo el día que conoció a Pau Casals se puso tan nervioso que apenas podía hablar. Al darse cuenta de la situación, Casals pidió al entonces joven músico que tocara la *Cuarta Suite* de Bach. Tan mal lo estaba haciendo que, agobiado, se paró al llegar a la mitad, momento en el que el músico catalán se deshizo en elogios hacia su colega. Tras otra interpretación para olvidar, Piatigorski se retiró enfadado por su actuación, pero todavía más molesto por la actitud que juzgó hipócrita del gran

Casals, quien había vuelto a ensalzar su forma de interpretar. Años más tarde, siendo ya el ucraniano músico profesional, coincidieron en París para tocar juntos y de aquellos conciertos brotó una sincera amistad. Sin embargo, el asunto estaba pendiente en la cabeza de Piatigorski y una noche le espetó a Casals lo que pensaba de su pasada actitud. Este frunció el ceño y cogiendo el chelo imitó la forma en que había tocado: «¿Usted no tocó esta frase así?» Y siguió interpretando: «¿Y no atacó esta otra frase con el arco elevado de esta forma? Todo ello fue algo nuevo para mí y por eso puedo sentirme agradecido», le dijo. «Y así debe sentirse usted, aunque solo sea por una frase singular, por un momento trascendente», sentenció Casals.

Analizando lo que te está ocurriendo, abstrayendo la situación, siempre podrás encontrar lados positivos aun cuando las cosas no sucedan como habías imaginado. Hasta de las situaciones más críticas podemos extraer conclusiones alentadoras. Por ejemplo, aprendizajes, el progreso de tus capacidades, nuevas experiencias, aportaciones a la productividad de un equipo o la ayuda a los demás.

En ocasiones, nuestra percepción, que no tiene por qué ser errónea, nos lleva a pensar que nos corresponde el papel del protagonista, y si no lo somos, cualquier otra función nos produce insatisfacción, incluso rechazo. Nos estamos centrando en lo que querríamos en lugar de en lo que tenemos. Si adoptas esta postura, el mayor perjudicado vas a ser tú, porque no vas a ser capaz de extraer ninguna consecuencia fructífera para ti, tanto desde el punto de vista personal como profesional.

No debes juzgarte contando fallos ni oportunidades perdidas.

3. *Sigue con tus hábitos.* Aunque la confianza de quienes te rodean o los resultados no sean los acostumbrados, continúa con los hábitos que te han conducido hasta ese momento. No importa que circunstancialmente te encuentres en el banquillo, ya que **todo puede cambiar en un instante** y, aunque así no fuera, necesitas estar preparado cuando tú decidas cambiar el rumbo.

Todas las situaciones son transitorias.

4. *Los retos nuestros de cada día.* Ya hemos hablado de la importancia de los retos como fuente de motivación con carácter general, para medir nuestros progresos y como revulsivo contra el acomodamiento. Baste aquí recordarla porque los retos son especialmente interesantes en el momento del banquillo. No los pierdas de vista y márcate otros compatibles con la situación que estás viviendo. Ten en cuenta que el banquillo te ha colocado en un plano diferente, por lo que se te abre una estupenda oportunidad para buscar nuevos objetivos que cumplir.

Te vendrá bien revisar lo que tenías planeado.

5. *Imaginarte inmerso en otros proyectos.* Uno de mis maestros del baloncesto y de la vida ha sido Juan Antonio Corbalán, con quien me han unido miles de horas en la cancha e infinidad de conversaciones fuera de ella. Cardiólogo, comunicador y autor

de varios libros, Juan es una persona de sólidos principios a quien siempre he escuchado con la atención que se merecía. Y como tú y como yo también tuvo que esperar su momento.

Consecuencia de su talento precoz, Corbalán debutó en la selección con tan solo 17 años, antes incluso de que se hubiera consolidado en el Madrid. Tal es así que tras su actuación exitosa en el equipo nacional pasó en el banco casi toda la temporada sin ninguna causa aparente más que la terquedad del entrenador de entonces, el genial Pedro Ferrándiz. Como todos los de su condición, el preparador albergaba algún que otro capricho difícil de explicar para el resto de los mortales, si bien pienso que, en este caso, cargó las tintas de la excentricidad.

Según me cuenta Juan al tiempo que escribo estas líneas, pasó un año más amargo que otra cosa, lo que no le impidió seguir forjándose como un extraordinario jugador y estudiando su carrera de medicina. Cuando le pregunté si en algún momento se planteó cambiar de aires, me contestó con absoluta seguridad que todos los días se medía en los entrenamientos con sus compañeros en el puesto de director y conforme avanzaba la temporada se convenció de que, tarde o temprano, aquel puesto sería suyo.

Mientras que Corbalán decidió continuar en el club a pesar de que su valía fuera infravalorada, quien escribe estas líneas, tal y como he contado, decidió lo contrario. Ante el menosprecio por nuestra capacidad optamos por lo antagónico: él por quedarse y yo por cambiar de aires. Aunque tomamos la decisión opuesta, a los dos nos fue bien. Y seguro que nos hubiera ido bien si hubiéramos tomado la contraria.

Lo decisivo no es lo que te ocurre, sino la actitud con la que lo afrontas.

6. *Mantente siempre receptivo y dispuesto a actuar.* Es decir, vigila tu estado de ánimo. Si caes en el pesimismo, incluso en el escepticismo, lo único que conseguirás será amargarte la vida y desperdiciar oportunidades. Nunca sabes cuándo va a llegar la ocasión, pero si no estás preparado pasará por delante sin que puedas aprovecharla. Recuerda este dicho que con tanta frecuencia repiten los deportistas: «He tenido (o el entrenador me ha dado) una oportunidad y he sabido aprovecharla».

Otro de los grandes iconos del Real Madrid y del fútbol, Iker Casillas, tuvo un principio de carrera similar al de Corbalán. Tras un comienzo fulgurante, su compañero César le relegó al banquillo durante más de dos meses y medio. Justo hasta que se lesionó en la final de la Liga de Campeones. Entonces, entró en el terreno de juego para salvar al Madrid y comenzar con la leyenda de San Íker. El guardameta reconoce haber sufrido lo indecible, pero asimismo reconoce que aquellos meses le hicieron madurar. Antes le afectaban mucho las cosas y le amargaban.

7. *Pon un límite sincero a tu estancia en el banquillo.* Por mucho que relativices, por mucho ánimo que pongas a las circunstancias adversas, por más que de toda situación antagónica con tus intereses intentes extraer beneficios y por más que tengas fe en que las tornas pueden cambiar en cualquier momento, la capacidad de soportar escenarios diferentes de los que esperabas tiene un límite. Y cada uno tiene la suya.

No te sientas mal por abandonar cuando ya no puedas más. Pero lo que te ayudará mientras tanto es marcar una frontera que te indique hasta dónde estás dispuesto a permanecer. Será el punto de partida para un nuevo proyecto (que ya estás acariciando) y con él comenzarán nuevas ilusiones.

8. *Busca apoyo para solucionar los pequeños problemas.* La trayectoria de un deportista, incluso de los más exitosos, está plagada de periodos de tensión, dudas y fracasos. No son superhombres o supermujeres capaces de abordar cualquier dificultad sin pestañear. Como tú y como yo necesitan ayuda para superar las decepciones. La familia, el entrenador, el entorno interpretan un papel muy importante en su equilibrio. Y a veces la vida te regala la presencia de un maestro como Paco López.

Paco López, un consejero con la calma, el sentido común y las palabras necesarias en cada oportunidad. Comedido en la celebración, optimista ante los escollos y alentador en la derrota, Paco ha sido tan gran entrenador como extraordinario mentor de varias generaciones de atletas y baloncestistas.

Pero no siempre la vida te concede estos regalos e incluso, en ocasiones, la causa de tus males necesita ser reparada por un profesional. Ya hace unos años que los psicólogos se han hecho habituales en el mundo del deporte, hasta convertirse en muchos casos en un miembro más del equipo. No dudes en acudir a cualquier profesional de las muchas ciencias que hoy en día pueden ayudarte a solucionar tus problemas físicos, emocionales o psicológicos. Uno de ellos puede ser la clave para que salgas del banquillo y culmines tu remontada.

Y para terminar con esta entrega del banquillo recuerda esto: el cambio de conducta pasa por el cambio de pensamiento. O si lo quieres en otra versión: si quieres modificar tu conducta, modifica lo que te dices a ti mismo.

CONCLUSIONES: NO LO OLVIDES

El espíritu de remontada no es solo una forma de afrontar los problema. Es un estilo de vida. Sin rigideces, sin convencionalismos y sin un código estricto. Al contrario, como has podido comprobar es en esencia flexible porque todos somos diferentes. Clásicos, modernos, altos del baloncesto y bajitos del fútbol, escritores y músicos, Mireia Belmonte y Ruth Beitia, muchas personas hemos decidido encarar nuestra existencia desde las emociones que somos capaces de producir, experimentar, calibrar y disfrutar cada día.

Por eso, comenzábamos el viaje con lo que los psicólogos definen como las necesidades de sentido, las más fáciles de alcanzar, ya que son tan subjetivas como innumerables, un catálogo infinito que puedes confeccionar a tu voluntad. Y continuábamos con los valores, ese concepto tan manido como desconocido, que por desgracia vive arrinconado con frecuencia en nuestros días y a los que tenemos que enriquecer éticamente con generosidad. Ya conoces la fórmula para ir incorporando a tu vida los valores, y los demás consejos de este libro: reflexiona y entrena hasta que su respuesta sea automática, como las de los deportistas cuando entran en juego. Muchos de nuestros hábitos los hacemos propios sin reparar durante el proceso en qué medida ya van siendo nuestros, hasta que un día los tenemos incorporados como pautas de comportamiento. Así te va a ocurrir con el espíritu de remontada. Poco a poco lo harás tuyo y te acompañará sin que te des cuenta en la mayoría de las ocasiones.

Aunque no será fácil. La trayectoria del espíritu de remontada requiere esfuerzo y dedicación. Pero, ¿qué no lo requiere en esta vida? Incluso las aficiones que más nos apasionan nos exigen horas de atención que, por otra parte, prestamos con gusto. En eso consiste básicamente el espíritu de remontada: el aprendizaje es un juego y los proyectos son una competición deportiva. Y como toda competición tiene sus alternativas y sus momentos. Pero, aún y en los malos, los deportistas, como ya sabes, se sienten felices, muy felices en la competición. Fíjate en sus caras de felicidad cuando ganan y cómo vuelven a intentarlo cuando son batidos. Seguro que los consideras afortunados. Sin embargo, tienes más suerte que ellos y puedes hacer algo que está fuera de su alcance. Puedes fijar muchas reglas de tu competición y, en consecuencia, ganar siempre que quieras. Porque hasta en la derrota también puedes encontrar satisfacciones: la de tu esfuerzo máximo, la del deber cumplido o la expectativa de que la próxima vez lo harás mejor porque has aprendido mucho de la experiencia. Y es que la próxima ocasión está a la vuelta de la esquina, pero ya no estarás tan solo.

AGRADECIMIENTOS

No sabía muy bien cómo afrontar esta parte tan especial del libro, porque hay tanta gente que de una u otra forma tienen que ver con lo que he escrito que casi necesitaría otro volumen para contarlo. Por otro lado, ya que el Derecho cuadriculó mi cabeza para según qué cosa, pero sobre todo para escribir, algún orden tenía que darle a todo esto. Descarté enseguida el alfabético por aburrido, así que me incliné por el cronológico, lo que además me permite relatar la historia de estas páginas y dar suelta a mi afán narrativo que, por fortuna para los propósitos del libro, fue convenientemente cercenado por mi amigo Jesús.

Así que comenzaré por agradecer a los principales responsables. Antes que nadie —no tanto por los motivos procreadores obvios, sino por los que podéis leer en la introducción de forma ligeramente más extensa—, a mis padres, que tanto se sacrificaron por sus hijos y tan bien nos educaron. Y cómo no, al resto de nuestra variopinta y numerosa tribu. Siempre los puedo sentir cerca aunque, en ocasiones, esté lejos y algunos se hayan ido para siempre. Son tantos que no los nombro porque la lista sería muy extensa, la escribiría por orden y, en vez de los agradecimientos, esto parecería una esquela.

Creo que en el orden siguiente debería colocar a Emilio Butragueño, buen amigo que no ha tenido nada que ver con el libro, salvo por una circunstancia que terminó por ser definitiva. Me presentó en 2015 a Pilar Jericó que amén de iluminarme desde entonces con su sabiduría y sus consejos, me invitó a su Laboratorio de la Determinación, un cónclave de lo más heterogéneo y entretenido en el que conocí al alma máter del libro, a ese ser humano llamado Jesús Vega. Jesús me convenció de que podía escribir algo más que columnas en un periódico y me orientó con su rica experiencia y su aguda inteligencia hasta que encontré el camino que andaba buscando en un bosque de propósitos (a ver quién le aguanta a partir de ahora). Siempre estimulante, Jesús ha estado a mi lado desde el principio hasta la conclusión, generosamente atento a mis requerimientos. Eso sí, aunque gran inspirador y motivador es guía de pocas palabras: bien, mal, repite...

Por si fuera poco, Jesús me presentó a Sergio Bulat, santo varón además de editor, al que desde el principio le gustó lo que escribía. Y digo santo, porque no creo que haya tenido alguien que le haya llamado tantas veces con motivo de la publicación de un libro. Y si es así, le compadezco por el trabajo que tiene. Muchas gracias por tu confianza y por tu apoyo constante. Y muchas gracias a todo el equipo de Empresa Activa por el gran trabajo realizado.

Cuando terminamos con el Laboratorio de la Determinación, Pilar creó el Laboratorio de José Luis, o sea el mío, en el que compartimos ideas y merienda nutritiva y sana en el santuario del sabio Juan Londoño. Allí estaban el entusiasta Ecequiel Barricart, a quien envié el embrión de dos capítulos un domingo por la noche y me contestó al cabo de una hora diciendo que eran buenísimos: no me lo creí demasiado, pero me animó mucho; Adolfo Ramírez, que me organizó un enriquecedor encuentro con su equipo de trabajo en el Santander; Marita Antoñanzas siempre tan intuitiva y atenta con todo lo que se mueve a su alrededor; el gran patinador Arturo Sanz, que tuvo la amabilidad de reunirse conmigo para contarme su punto de vista acerca de la vocación; el optimista impenitente, Mariano Tello, que por fin consiguió ir a la final de la Liga de Campeones en Milán; José M. Bautista, tan serio de gesto y tan alegre y profundo cuando habla; y Marta Romo, José Conejos, Celia Pérez y Laura Rojas Marcos, que intentaron acudir más de lo que pudieron, pero cuyo apoyo sentí siempre cerca a través de las redes sociales. A todos, muchas gracias por hacerme un hueco en vuestras vidas.

Mientras todo esto sucedía Pedro Zorita, de forma generosa, me dedicaba su tiempo; Eduardo Petrossi y Juan Manuel de la Nuez tenían la amabilidad de mostrarme cómo funcionan sus empresas; Enrique Rodríguez me contaba su trayectoria profesional; el ciclista Eduardo Chozas me aclaraba alguna batallita que yo tenía en mente; Ruth Beitia resistía con estoicidad mis preguntas durante horas, y mis compañeros de fatigas por Laponia, J. R., Nacho y Javi (el Gurú)soportaban mis soliloquios sobre el libro.

También mis maestros en la redacción seguían soportándome: la escritora y profesora, Patricia Almarcegui, mi primera correctora que me dio consejos básicos hace años; y el periodista Jorge Muñoa, que escribe tan bien como cuenta los chistes, y con quien he pasado cantidad de horas redactando los anuarios de la Asociación de Jugadores. Y, asimismo la inestimable colaboración de los psicólogos Chema Buceta, Claudio Gómez y José Manuel Beirán aclaraba alguna de mis dudas. Por último, para completar la obra que tienes en tus manos, ya escrito todo lo que tenía que escribir, Javier Moreno y mi sobrina Sara me hicieron unos estupendas fotografías. Muchas gracias, amigos.

Y aquí termina el hilo narrativo y paso a una letanía, pues he de retroceder al periodo anterior a la génesis del libro para agradecer a quienes me han acompañado desde muy joven y de quienes tanto he aprendido.

A mis compañeros en los equipos. A todos, sin excepción, por enseñarme tanto.

A la Asociación de Veteranos del Real Madrid por mantener viva la llama de la remontada.

A mis compañeros de la ABP: Mar, Mercedes, Rafa, Chus, Nuria, Andrés, Jose, Ferrán, María José, Eric, Marta, y los que ya no están entre nosotros, Carlos Bermejo y el añorado Albert Abella. Por aguantarme.

Al incombustible y ejemplar Pepe Laso: menos por la cadera, yo de mayor quiero ser como él.

A mis venerables maestros; Paco López, a quien no veo tanto como debiera pero a quien siempre tengo en mis pensamientos; y Joan Deulofeu, mentor y modelo, que me enseñó a dudar y seguir pensando cuanto todo parecía pensado en nuestras interminables conversaciones telefónicas. Nunca he hablado tantas horas con nadie ni creo que ya pueda hacerlo. Necesitaría un par de vidas más.

A todos los que me han escuchado y hablado conmigo acerca de lo que he escrito. Algunos están en él y otros no. Pero gracias a todos igualmente.

A los que amablemente han accedido a dar su opinión sobre este libro en estas mismas páginas.

A mi amigo del alma Gregorio Cros cuya memoria ha estado tan presente mientras repasaba mi vida.

Y a Mari Luz, Sergio y Juan sin quienes no hubiera podido escribir este libro. Ellos son mi fuente de energía y la razón última de por qué hago las cosas.

ECOSISTEMA DIGITAL

NUESTRO PUNTO DE ENCUENTRO

www.edicionesurano.com

2 AMABOOK
Disfruta de tu rincón de lectura
y accede a todas nuestras **novedades**
en modo compra.
www.amabook.com

3 SUSCRIBOOKS
El límite lo pones tú,
lectura sin freno,
en modo suscripción.
www.suscribooks.com

DISFRUTA DE 1 MES
DE LECTURA GRATIS

1 REDES SOCIALES:
Amplio abanico
de redes para que
participes activamente.

4 APPS Y DESCARGAS
Apps que te
permitirán leer e
**interactuar con
otros lectores.**